基金项目：大学生创新能力培养的研讨式课程教学模式研究——以《马克思主义哲学原理》课程教学为例（课题编号：2020JGXM061）；
广东省教育科学规划课题“基于大学生创新思维训练的研讨式教学方法改革与实践研究”（课题编号：2017GXJK065）。

高校创新创业教育与人才培养研究

曹望华　著

北京工业大学出版社

图书在版编目（CIP）数据

高校创新创业教育与人才培养研究 / 曹望华著. —
北京 ：北京工业大学出版社，2021.5
ISBN 978-7-5639-7977-6

Ⅰ. ①高… Ⅱ. ①曹… Ⅲ. ①高等学校－创造教育－研究－中国②高等学校－人才培养－研究－中国 Ⅳ. ①G640 ②G649.2

中国版本图书馆 CIP 数据核字（2021）第 111461 号

高校创新创业教育与人才培养研究

GAOXIAO CHUANGXIN CHUANGYE JIAOYU YU RENCAI PEIYANG YANJIU

著　　者：曹望华
责任编辑：李俊焕
封面设计：知更壹点
出版发行：北京工业大学出版社
（北京市朝阳区平乐园 100 号　邮编：100124）
010-67391722（传真）　bgdcbs@sina.com
经销单位：全国各地新华书店
承印单位：天津和萱印刷有限公司
开　　本：710 毫米 ×1000 毫米　1/16
印　　张：11.5
字　　数：230 千字
版　　次：2022 年 4 月第 1 版
印　　次：2022 年 4 月第 1 次印刷
标准书号：ISBN 978-7-5639-7977-6
定　　价：58.00 元

作者简介

曹望华，男，1975年5月出生，湖南益阳人，2002年毕业于中山大学哲学系，获哲学博士学位，现任广东海洋大学马克思主义学院副院长、副教授。多年来一直从事马克思主义哲学和创新创业教育教学工作，历年教学评价均为优秀。

前　言

在国家大力提倡和推动“大众创业、万众创新”的时代背景下，高校的创新创业教育进入全新发展阶段，将创新创业教育深度融入专业教育，培养创新型高素质人才，已成为高校教育教学改革的共识和新的撬动力。

发展是第一要务，人才是第一资源，创新是第一动力。新时代大学生要紧扣时代发展主题，在“大众创业、万众创新”的磅礴潮流中勇挑历史重担，为实现中华民族伟大复兴的中国梦而努力奋斗。

如何增强大学生的创新创业意识，提升大学生的创新创业能力，对于整个社会创新创业氛围的营造和大学生个人竞争力的提高都具有重要的意义。本书针对当前大学生创业教育与研究发展的问题，以及当代大学生创业过程中遇到的实际问题，提供了全方位的创业指导。

本书共七章，第一章为绪论，主要阐述了创新与创业的基本知识、创新创业的必要性、创新创业教育的时代背景；第二章为高校创新创业教育的现状及发展趋势，主要阐述了高校创新创业教育理念的演进历程、国内外高校创新创业教育的发展、高校创新创业教育面临的现实问题与发展路径、高校创新创业教育的发展趋势；第三章为高校创新创业教育理论基础，主要阐述了高校创新创业教育的内涵、相关理论和文化基础；第四章为高校创新创业教育的模式，主要阐述了我国高校创新创业教育的模式类型与典型特征、国外高校创新创业教育的模式、新时期高校创新创业教育新模式构建；第五章为高校创新创业人才培养的现状与目标，主要阐述了高校创新创业人才培养的现状、高校创新创业人才培养的目标；第六章为高校创新创业人才培养的模式，主要阐述了高校创新创业人才培养的规格、国外高校创新创业人才培养模式的特点及启示、高校创新创业人才培养模式的构建；第七章为新媒体环境下高校创新创业教育的有效性，主要阐述了新媒体环境下高校创新创业教育有效性研究的理论依据、现代高校创新创业教育有效性欠缺的原因、新媒体环境下高校创新创业教育有效性的新视角、新媒体环境下高校创新创业教育有效性的新对策。

为了确保研究内容的丰富性和多样性，笔者在写作过程中参考了大量理论与研究文献，在此向涉及的专家学者表示衷心的感谢。最后，由于笔者水平有限，本书难免存在一些疏漏之处，在此，恳请同行专家和读者朋友批评指正！

目　录

第一章 绪 论

当前，我国正处于现代化建设的重要战略机遇期，创业活动日益成为经济活力的源泉。高校作为一个传播知识、培养人才、具有高度责任感的社会组织，为适应国家的发展，必须对大学生开展创新创业教育，培养出具有创新精神的优秀大学毕业生。本章分为创新与创业的基本知识、创新创业的必要性、创新创业教育的时代背景三部分内容。

第一节 创新与创业的基本知识

一、创新概述

（一）创新的含义

创新是指以现有的思维模式提出有别于常规或常人思路的见解为导向，利用现有的知识和物质，在特定的环境中，本着理想化需要或为满足社会需求，而改进或创造新的事物、方法、元素、路径、环境，并能获得一定有益效果的行为。

创新是以新思维、新发明和新描述为特征的一种概念化过程。其起源于拉丁语，有三层含义：第一，更新；第二，创造新的东西；第三，改变。换句话讲，并不是说只有重大的发明创造才是创新，实际上，对各种产品、工作方法、商业模式、服务模式的改进等都属于创新。

具体来说，创新主要包括如下几种含义：

第一，创新的目的是解决实践问题，是一项活动。

第二，创新的本质是突破传统、打破常规。

第三，创新是一个相对的概念，其价值与时间、空间有关。同样的事物在今天看来是创新，明天可能是追随，后天大多数人都接受了，可能就是传统了。创新必须在一定范围内具有领先性，有的是世界领先，有的是地区领先。

第四，创新可以在解决技术问题、经济问题和社会问题的广泛范围内发挥作用，它是每个人都可以参与的事业。

第五，创新以取得的成效为评价尺度，有成效才能认为是创新。根据成效，创新可以分成若干等级：有的是划时代的创新，例如，北大方正的汉字激光照排系统，淘汰了铅字，使全国印刷业告别了对铅与火依赖的时代；有的是时尚创新，例如，电子宠物曾为厂商带来丰厚利润，但不久就失宠了。

总之，创新是人类特有的认识能力和实践能力，是人类主观能动性的高级表现，是推动民族进步和社会发展的不竭动力。一个民族要想走在时代前列，就一刻也不能没有创新思维，一刻也不能停止各种创新。

（二）创新的类型

创新虽有大小、层次之分，但无领域、范围之限。虽然创新的种类是无穷尽的，但是若按大的属性划分，其可以粗略地分为知识创新、技术创新、管理创新和方法创新四大类。

1. 知识创新

知识创新就是对现有知识构成要素进行新的组合或分解，是在现有知识基础上的进步或发展，是在现有知识基础上的发明或创造。知识是人们在探索、利用或改造世界的实践中所获得的认识和经验的总和。人们一般将知识分为自然科学知识和社会科学知识两类。因此，知识创新也可以进一步分为自然科学知识创新和社会科学知识创新。

（1）自然科学知识创新

自然科学是研究自然界的各种物质或现象的科学。自然科学主要包括物理学、化学、动物学、植物学、矿物学、生理学、数学等。自然科学知识是人们在探索或改造自然界的各种物质或现象的实践中获得的认识和经验的总和。

自然科学知识创新就是对现有自然科学知识构成要素进行新的组合或分解，是在现有自然科学知识基础上的进步或发展，是在现有自然科学知识基础上的发明或创造。

（2）社会科学知识创新

社会科学知识是人们在探索或改造社会的各种现象的实践中获得的认识和经验的总和，是人们在探索或改造社会的各种现象的实践中获得的对哲学、法律学、管理学、历史学、文艺学、美学、伦理学等方面的各种现象的认识和经验的总和。

社会科学知识创新就是对现有社会科学知识构成要素进行新的组合或分

解，是在现有社会科学知识基础上的进步或发展，是在现有社会科学知识基础上的发明或创造。

2. 技术创新

技术创新就是对现有技术构成要素进行新的组合或分解，是在现有技术基础上的进步或发展，是在现有技术基础上的发明或创造。“技术”一词一般有两层含义：第一层含义是指人们在探索、利用和改造自然界和社会的各种物质或现象的过程中积累起来并在生产劳动或社会实践中体现出来的经验和知识；第二层含义泛指各种操作技巧。技术一般可以分为自然科学技术和社会科学技术两大类。技术创新也可以进一步分为自然科学技术创新和社会科学技术创新。

（1）自然科学技术创新

自然科学技术就是人们在探索、利用和改造自然界的各种物质或现象的过程中积累起来并在生产劳动中体现出来的物理学、化学、动物学、植物学、矿物学、生理学、数学等学科领域的经验、知识和各种操作技巧。

自然科学技术创新就是对现有自然科学技术构成要素进行新的组合或分解，是在现有自然科学技术基础上的进步或发展，是在现有自然科学技术基础上的发明或创造。自然科学技术创新包括物理学、化学、动物学、植物学、矿物学、生理学、数学等学科领域的技术创新。

（2）社会科学技术创新

社会科学技术是人们在探索、利用和改造社会的各种现象的过程中积累并在社会实践中体现的经验、知识和操作技巧。也就是说，社会科学技术就是人们在探索、利用和改造社会的各种现象的过程中积累并在社会实践中体现的哲学、法律学、管理学、历史学、文艺学、美学、伦理学等学科领域的经验、知识和各种操作技巧。

社会科学技术创新就是对现有社会科学技术构成要素进行新的组合或分解，是在现有社会科学技术基础上的进步或发展，是在现有社会科学技术基础上的发明或创造。社会科学技术创新包括哲学、法律学、管理学、历史学、文艺学、美学、伦理学等学科领域的技术的创新。

知识创新与技术创新作为人类创新活动的主要方面，互相之间存在复杂的交互作用。知识创新是技术创新的基础，技术创新是知识创新的应用与发展。

3. 管理创新

管理创新就是对现有管理构成要素进行新的组合或分解，是在现有管理基础上的进步或发展，是在现有管理基础上的发明或创造。“管理”一词一般有三层含义：一是负责某项工作，使其顺利进行；二是保管和料理；三是照管并约束。但是从本质上看，管理的主要构成要素是管理知识、管理制度、管理技术和管理方法。管理可进一步分为行政管理、企业管理、事业管理、团体管理和个人管理五类。管理创新也可以进一步分为行政管理创新、企业管理创新、事业管理创新、团体管理创新和个人管理创新。

（1）行政管理创新

行政管理一般有两层含义：第一层含义是指行使国家权力的管理；第二层含义是指机关、企业、团体等内部的管理。但其管理的原理、规律和方法是相同或相似的。因此，这里探讨的行政管理既包括行使国家权力的管理，又包括机关、企业、团体等内部的管理。

行政管理创新就是对现有行政管理构成要素进行新的组合或分解，是在现有行政管理基础上的进步或发展，是在现有行政管理基础上的发明或创造。行政管理创新既包括行使国家权力的管理创新，又包括机关、企业、团体等内部的管理创新。行政管理创新是行政管理知识创新、行政管理制度创新、行政管理技术创新和行政管理方法创新的总称。

（2）企业管理创新

企业管理是指对从事生产、运输、贸易等经济活动的部门（如工厂、矿山、铁路、贸易公司等）的管理。企业管理的共性是企业部门按照经济核算的原则，独立计算盈亏。

企业管理创新就是对现有企业管理构成要素进行新的组合或分解，是在现有企业管理基础上的进步或发展，是在现有企业管理基础上的发明或创造。企业管理创新是企业管理知识创新、企业管理制度创新、企业管理技术创新和企业管理方法创新的总称。

（3）事业管理创新

事业管理是指对没有生产收入、由国家开支经费的部门（如学校、科研机构等）的管理。事业管理的共性是事业部门不进行经济核算。

事业管理创新就是对现有事业管理构成要素进行新的组合或分解，是在现有事业管理基础上的进步或发展，是在现有事业管理基础上的发明或创造。事业管理创新是事业管理知识创新、事业管理制度创新、事业管理技术创新和事业管理方法创新的总称。

（4）团体管理创新

团体管理是指对由有共同的目的、志趣的人所组成的集体的管理。团体管理一般具有行政管理、企业管理和事业管理的综合特征。

团体管理创新就是对现有团体管理构成要素进行新的组合或分解，是在现有团体管理基础上的进步或发展，是在现有团体管理基础上的发明或创造。团体管理创新是团体管理知识创新、团体管理制度创新、团体管理技术创新和团体管理方法创新的总称。

（5）个人管理创新

个人管理主要是指对个人的管理，如家庭中的管理。个人管理具有灵活性和多样性的特征。

个人管理创新就是对现有个人管理构成要素进行新的组合或分解，是在现有个人管理基础上的进步或发展，是在现有个人管理基础上的发明或创造。

4. 方法创新

方法是指人们在探索、利用或改造世界的实践中积累起来的观察问题、分析问题或解决问题的途径、程序或诀窍等。

方法创新就是对现有方法构成要素进行新的组合或分解，是在现有方法基础上的进步或发展，是在现有方法基础上的发明或创造。方法创新是永无止境的，其种类也是无穷尽的。

二、创业概述

（一）创业的含义

创业是指某个人发现某种信息、资源、机会或掌握某种技术，利用或借用相应的平台或载体，将其发现的信息、资源、机会或掌握的技术，以一定的方式转化、创造成更多的财富、价值，并实现某种追求或目标的过程。

创业就是创业者对自己拥有的资源或通过努力能够拥有的资源进行优化整合，从而创造出更大经济或社会价值的过程。

创业就是利用创造创新的思维和方法，创造出某种对人类、对社会或者对个人有益的具体成果的过程。创业是将理论创新或科技创新等成果转化为实际生产力，由实际过程和具体结果来体现的过程。

通常意义上，创业是人类社会生活中最能体现人的主体性的一项社会实践活动。它是一种劳动方式，是一种需要创业者组织、运用服务、技术来思考、推理、判断的行为。创业有广义和狭义之分。广义的创业是指社会生活各个领域里的人为开创新的事业所从事的社会实践活动，其突出强调的是主体在能动性的社会实践中所体现的一种特定的精神、能力和行为方式。狭义的创业是一个经济学的范畴，是指主体以创造价值和就业机会为目的，通过组建一定的企业组织形式，为社会提供产品服务的经济活动。

创业成功带来的财富是巨大的，不仅是个人能力的体现，还能够为一部分人提供就业岗位，为社会做出贡献。根据杰夫里·提蒙斯所著的经典教科书《创业创造》中的定义，创业是一种思考、推理并结合运气的行为方式，它被运气带来的机会所驱动，需要在方法上全盘考虑并拥有较强的领导能力。

创业具有以下特点：创造具有“更多价值”的新事物；需要贡献必要的时间，付出极大的努力；承担必然存在的风险，如财务、精神、社会风险等；能够获得报酬，如金钱、独立自主、个人满足等。

创业是一种劳动方式，是一种“无中生有”的财富创造现象。创业过程充满了艰辛和挫折，而且需要坚持不懈地付出努力。渐进的成功也会给创业者带来无穷的欢乐与幸福。创业作为商业领域的行为，致力于寻求创造新事物（新产品、新市场、新生产过程或原材料、组织现有技术的新方法）的机会，以及运用各种方法加以利用和开发。科尔在1965年将创业定义为发起、维持和发展以利润为导向的企业的有目的性的行为。史蒂文森和罗伯茨提出：创业是一个人（无论是独立的还是在一个组织内部）追踪和捕捉机会的过程，这一过程与当时控制的资源无关。

（二）创业的类型

创业的类型可以从以下角度进行分类。

1. 按创业的动机分类

（1）生存型创业

生存型创业是提供家庭收入的生活型企业，是指创业者迫于生存压力，为了谋生不得不或不完全自觉地走上创业道路，比较典型的是开夫妻店，这种创业较为缺乏长期的目标和强烈的创业主观愿望，较少创造出新的需求。

（2）机会型创业

机会型创业的出发点并非为了谋生，它是指创业者为了抓住现有机会以实现价值创造而选择自主创业的行为。由于具有强烈的创业意愿，所以创业者敢于开拓新市场、创造新需求。这类企业一般市场广、成长快、前景好、利润高。

2. 按创业主体的性质分类

（1）个人独立创业

所谓个人独立创业，主要是指由个人或团队组成的创业队伍，进行创建企业的活动。近年来，随着科学技术的飞速发展，各类技术周期不断缩短，因此人们可以完全经历理论研究到应用研究，再到研究开发和创建企业的过程。基于此，个人独立创业已经在当代社会成为一种十分普遍的现象。

除此之外，基于市场营销创新、工艺创新等非技术创新手段建立起来的企业日益增多，同时随着“创业家”阶层的出现，具有创业特长的创业家还可以通过购买专利的方式直接创建企业。

（2）公司附属创业

公司附属创业主要是指由一家较为成熟的公司创建其附属企业。附属创业的主要动力包括以下三个方面。

一是通过创建一家具有更高效率的附属新企业，构建新的经营与销售模式，促进创新产品的商业化

二是通过创建新企业，保持公司的总体创新活力，从而建立起能够对市场需求做出快速反应的窗口。

三是通过创建新企业吸引社会资本的投资。

（3）公司内部创业

公司内部创业通常是指由一些具有创业愿望的员工发起，在组织的支持下由员工与企业共担风险、共享创业成果的一种创业形式。鼓励员工在企业内部像企业家一样做事，并将企业家精神注入现有公司内部，培养、造就内部企业家，为员工创造更大的发展空间是其主要目的，从而有利于留住优秀员工，推动企业的不断创新和可持续发展。

3. 按创业项目分类

（1）传统技能型创业

传统技能型创业，是指使用传统技术、工艺进行创业。

（2）高新技术型创业

高新技术型创业，是指利用知识经济、高技术、知识密集型产业项目进行创业，高新技术型创业多具有前沿性。

（3）知识服务型创业

知识服务型创业，是指以各类知识咨询服务的方式进行创业，如律师事务所、会计师事务所、顾问（咨询）公司、广告公司等，相对来说具有投资少见效快和周期短的特点。

4. 按创业企业性质分类

（1）营利性组织创业

营利性组织是我们通常理解的创业企业，其目标是获得企业利润，追求企

业利润最大化，强调通过创业活动将资本转化和扩大，从而实现资本的增值。创业活动资本增值主要是通过盈利积累实现的，在价值最大化目标下，资本价值可以通过股权退出，特别是通过上市获得价值变现。

（2）社会性企业（组织）创业

社会性企业是以企业化运营的非营利组织，是处于企业与非营利组织之间的中间形态组织。有一些商业性企业的经营目标就是实现社会责任最大化，而利润目标变成了它的约束，只要达到维持盈亏平衡就可以满足其创业要求。例如，以环保为目标的企业进行的废旧物回收，可以让其获得收益，但这些收益只是为了补偿费用支出，它们的真正目标是改善环境。

（3）非营利性机构创业

非营利性机构，如学校、慈善基金、医院、教会、寺庙、文化馆、美术馆、体育馆等，这些机构具有共同的特征，即不以盈利为目标，机构资金来源于捐赠。

三、创新与创业的关系

（一）创新与创业本质的一致性

虽然创业与创新是两个不同的概念，但是二者存在着本质上的一致性：内涵上的相互包容和实践过程中的互动发展。第一次提出“创新”概念的熊彼特认为，创新是生产要素和生产条件的一种从未有过的新组合，这种新组合能够使原来的成本曲线不断更新，由此会产生超额利润或潜在的超额利润。创新活动的这些本质内涵，体现了它与创业活动本质上的一致性和关联性。创新是创业的基础，而创业推动着创新。

创业和创新在本质上具有一致性，即都具有“开创”的性质，只不过，创新一般多指理论、思维方面的创造活动，是整个创造活动的第一阶段；创业是实际活动中的创造，是创新思维、理论和技法的应用与现实体现，属于创造活动的第一阶段，也是创新的终极目的。

一方面，科学技术、思想观念的创新，促进人们物质生产和生活方式的变革，从而产生了新的生产和生活方式，进而为整个社会不断地提供新的消费需求，这是创业活动顺利开展的根本动因。另一方面，创业在本质上是一种创新性实践活动。无论是何种性质、类型的创业活动，它们都有一个共同的特征，那就是创业是主体的一种能动的、开创性的实践活动，是一种高度的自主行为。在创业实践的过程中，主体的主观能动性将会得到充分的发挥，正是这种主观能动性充分体现了创业的创新性特征。

创新最早是一个经济学概念。狭义的创新是指把技术和经济结合起来，即创新是从新思想的产生到产品设计、试制、生产、营销和市场化的系列行动。广义的创新是力求将科学、技术、教育等与经济融汇起来，即创新表现为不同参与者和机构（包括企业、政府、大学、科研机构等）之间交互作用的网络。在这个网络中，任何一个结点都可能成为创新行为实现的特定空间。创新行为因而可以表现在技术、体制或知识等不同的侧面。随着科学技术和社会经济的飞速发展，以及人们创新意识的加强和创新水平的提升，创新已不再局限于经济方面，而是扩展到政治、科技、文化、军事、社会生活各个方面，出现了许多新的创新概念，如科技创新、产业创新、技术创新、体制创新、管理创新、金融创新、知识创新、政治创新、军事创新、教育创新、文化创新、观念创新、理念创新、企业创新和社会创新等。简而言之，创新就是将新的观念和方法付诸实施，创造出与现存事物不同的新事物，从而改善现状。只要是新的观念、方法付诸实施，并得到认可，推动人类社会进步的过程就是创新。

而创业实际上就是一种经济投资，主要表现为经济领域的活动，使没有的职业或行业被开创出来，使已有的行业和职业做大做强。经济领域内的创业包括：按创业主体的性质划分，可分为个人独立创业和公司附属创业；按创业的不同起点划分，可分为创建新企业和公司再创业；按制度创新层次划分，可分为基于产品创新而创建企业、基于市场营销模式创新而创建企业和基于企业组织管理体系创新而创建企业。我们可以看到，这些类型的创业都与创新紧密相连。但是本书中所介绍的创业，还涵盖行政等各个领域，只要在这些范围内利用创新的理论和手段取得良好的效果，都可以称为创业。

可以看出，创新与创业都是开创有别于其他的、新颖的、能产生积极作用的做法或结果。创新精神或创新意识，作为一种意识形态，能够指导和作用于人的行动，即可以用创新精神或创新意识来推动创业行为的实施，并为其提供智力支持。创业者只有具备创新精神和创新意识，才能为创业竭尽全力。

（二）创新与创业的关联性

首先，创新是指理论、方法或技术等某一方面的发现、发明、改进或新组合。创业是一种思考、推理和行动的方法，在于把握机会，创造性地整合资源，从而创办新的企业或开辟新的事业。将创新的思想或成果用于产业或事业中，开创新的领域或新的局面，就是创业。

其次，创新重视的是所得到的结果，而创业不仅重视可能得到的结果，还重视其结果实现的条件。

最后，创业比创新更加关心结果的可实现性以及可能带来的经济效益。由此可见，创业是在创新的基础上将创新的思想或成果转化为现实生产力的一种社会活动。也就是说，创业是具有创新精神的个体与有价值的商业机会的结合，是开创新事业的活动，其本质在于把握机会，创造性地整合资源。创业的本质是创新，是变革。

人类社会不断发展，科技不断进步，社会分工越来越细，这是发展的必然。分工越细，产生的行业就越多，专业化的岗位也会更多，这就需要人们不断利用创新精神提升创业能力，从而跟上时代的步伐。从第一、第二、第三产业的划分标准看，人类大的行业还要继续发展下去。有人已经提出，在第三产业服务业出现后，已经又有了第四产业——信息业。第五、第六产业也要依靠创新产生。

（三）创新与创业的相互作用

创新是创业的本质与源泉。熊彼特曾提出："创业包括创新和未曾尝试过的技术。"创业者只有在创业的过程中保持持续不断的创新思维和创新意识，才可能产生新的富有创意的想法和方案，才可能不断寻求新的模式、新的思路，最终获得创业的成功。

创新的价值在于创业。从一定程度上讲，创业者的价值就在于将潜在的知识、技术和市场机会转变为现实生产力，实现社会财富的增长，造福人类社会。而实现这种转化的根本途径就是创业。创业者可能不是创新者或是发明家，但必须具有能发现潜在商机的能力和敢于冒险的精神；创新者也并不一定是创业者或是企业家，但是创新的成果则是经由创业者推向市场的。使潜在的价值市场化，创新成果才能转化为现实生产力。这也从侧面体现了创新与创业的相互关联。

创业推动并深化创新。创业可以推动新发明、新产品或是新服务的不断涌现，创造新的市场需求，从而进一步推动和深化各方面的创新，因而也就提高了企业或是整个国家的创新能力，推动经济的增长。

由于创新与创业关系密切，高校的创业与创新教育应该相互融合，弘扬创新创业精神，健全创新创业机制，完善创新与创业的环境，加强产学研结合，并且不断地在实践中总结，从而推动社会的可持续发展。

第二节 创新创业的必要性

一、时代的选择

（一）社会发展需要创新创业

人类自脱离蛮荒时代进入文明社会已有几千年的历史，虽然有些国家已经进入知识经济时代，但还有相当一部分国家连温饱问题都尚未解决。不过，有一种说法似乎多数国家都很认同，那就是现在人类社会整体上处于经济全球化时代，其标志就是席卷全球的信息技术产业革命。

经济全球化的本质是生产要素的跨国界自由流动，追求的最终目标是经济效益的最大化。为实现这个目标，就要以发展各个领域里的创新实现创业为手段，最终取得极大的经济效益。

江泽民同志的“创新是一个民族进步的灵魂，是国家兴旺发达的不竭动力”的立论是高度概括的真理。任何国家要改变其经济、科技落后的状况，从根本上讲，必须提高全民族的科学文化素质和创新意识，培养和造就大批有创新精神和创造能力的人才。

如果说目前知识经济仅在部分发达国家出现，那么21世纪将是知识经济在国际经济中占主导地位的世纪。而知识经济的推进器就是创新，创新是知识经济的内核。创新将成为一个国家进入21世纪国际经济“竞技场”的“入场券”，谁能抢占创新的制高点，谁就是21世纪的主角。

可以预见，知识经济社会的发展范围会更广。它的发展方式、社会结构，人们的相处方式和共存度等都会有许多新的变化和新的特点。要适应社会发展的变化，就要运用创造的思维和创新的成果来解决人类发展中不断遇到的新问题，极大地提高人的创造创新能力。

（二）科技发展需要创新创业

知识经济是由高科技的发展促成的，是创新的结果。以信息技术、生物技术、先进制造技术、先进环保技术、新材料技术和新能源技术为代表的高科技领域，集中体现了人类利用创新带来的创业成果，冲击着传统的生产方式和产业结构，使人类的生产生活发生了革命性的变化，把社会生产力推进了一个前所未有的高度。知识经济又催生着高科技的不断创新和科技产业的不断发展。

任何国家创新能力的提高带来的直接结果都是国力的迅速强盛和人民生活水平的极大提高。因此，从20世纪50年代起，许多国家大力提倡推进创新能力的开发和应用，创立高科技产业。

从历史发展来看，技术创新是创业的重要切入点。以蒸汽动力的改革和应用、电力的广泛应用以及电子计算机的广泛应用为特征的三次技术革命，引起了社会生产的深层次变革，振兴了相关产业，也造就了大批的科学家、技术发明家和产业巨头，特别突出的有爱迪生、诺贝尔、西门子、贝尔等。他们用自己的科学发现、技术发明成功创业，积累了巨大的财富，成就了辉煌的事业，成为当代青年大学生关注科技创业、投身科技产业的光辉典范。目前，人类社会的技术革命正在从第三次技术革命逐步转向以新材料技术、新能源技术等的广泛应用为主要标志的更高的发展阶段。从技术发明、技术改良到终端产品的创新发明与规模化生产，周期越来越短，更新频率越来越高。这在客观上对传统生产方式造成巨大冲击的同时，也为掌握高新知识与高新技术的青年大学生提供了很好的创业环境。

在推进科技创新的进程中，技术创新具有十分重要的作用。没有活跃的技术创新，知识经济就失去了承受“知识生产、传播和运用”的物质载体。许多发达国家为适应知识经济的发展，纷纷采取发展创新企业和鼓励企业创新的政策，使技术创新成果立即推广应用，产生效益。要在世界高科技领域占有一席之地，必须提升技术创新的能力，冲破发达国家的技术垄断。为此，我国必须建立一整套技术创新可持续发展的机制，包括加速科技成果转化的新机制、发展新兴产业和高新技术产业的新机制等。只有这样，才能给科技创新以持久动力，不断增强我国经济发展的后劲，促进我国经济的长远发展。

总之，在科学技术迅猛发展的今天，创新对于社会经济发展的强大推动作用，已远远超过了以往任何时代。综合国力的竞争已经进入了创新领域，竞争的最终结果是科研成果的产业化。一个民族、一个国家的创新能力已经关乎国运。因此，顺应时代要求，培养具有创新精神和创新能力的人才，大力提高全民族的创新素质，就成为一项重大而迫切的任务。

（三）经济全球化需要创新

经济全球化趋势的形成，使世界各国在市场和生产上的相互依存度日益提高。经济全球化推动了人力、资金、商品、服务、知识、技术和信息等实现跨国界的流动，促进了各种生产要素和资源的优化配置。这些变化是一种全球范围内的经济实力的竞争。为在世界大舞台上有自己的立足之地，各国在政治、经济、科技、文化等领域都必须进行创新，以增强竞争实力。

我国已于2001年加入世界贸易组织，成为其中的重要一员，已经进入经济全球化的轨道。在经济全球化的形势下，我们必须用新的观点全面审视各方面的处境，利用创新的头脑，发展经济，增强国力，在较短的时间内实现民族的伟大复兴。目前，我国面临的最紧迫的任务是科技创新，科技水平的提高是发展生产力的关键因素。纵观当前世界各个国家的表现，发达国家在经济全球化中占据主导地位，获得的利益也最多，其法宝就是紧抓科技创新，并将高科技成果转化为以应用为目的的创业。这也是其他国家为了不被抛出经济全球化浪潮之外，进而从经济全球化过程中受益的必由之路。因此，凡是有能力、有作为的国家，其技术应用日新月异，知识或智力资源的占有、配置、生产和运用已经成为其大力发展经济的重要依托。

经济全球化对创新提出的要求不只局限在科技领域，其他如制度、观念、文化等都面临着创新的问题，而且在某些时候，还可能成为创新的主要方面或制约因素。例如，我国原有的制度、运行机制，包括改革开放以来制定的新的制度和现行机制，许多已不能适应经济全球化的需求。如果不着手创新，就难以促使经济活动健康、有序地开展。

二、国情的呼唤

（一）中国的人口负担呼唤创新创业

有创业才能就业，就业充分，人民才能安居乐业，国家才能繁荣富强。只有存在着大量的创业者，才能为广大的劳动者拓宽就业渠道，才能使每个人的才能无论大小都得到发挥，做到“人尽其才，才尽其用”。没有创业，现有的就业市场就不可能容纳数量如此庞大的劳动力，很多人将失去就业的机会并成为社会的巨大负担，全面建成小康社会的目标就不能顺利实现。

目前，我国人口总量已超14亿人（不含港澳台地区）。2020年全年城镇新增就业1186万人，超额完成了之前设定的900万人的目标任务，但是就业形势依然严峻。

就业是民生之本。扩大就业，实现比较充分的社会就业是全面建成小康社会的基础目标，是全面提高人民收入水平和生活水平的根本保证。扩大就业是缓解劳动者流动日益频繁带来的压力、保证社会经济乃至政治稳定的基础。在无法通过政府、社会解决就业问题的情况下，只能引导、鼓励更多的人自谋职业和自主创业。只有创业的人不断增加，经济发展速度逐步加快，就业问题才能得到根本解决。

（二）我国人力资源开发的目的是创新创业

我国是人口大国，人力资源的开发还有很大的提升空间。一旦人力资源的开发取得良好效果，将会取得可观的财富。目前各级政府和企事业单位极其关注以提高人口素质为根本目的的人力资源开发事业。提高人口素质的终极目的是培养具有创新精神和能力的各级各类人才，以便开创和壮大各项事业，增强综合国力，实现民族振兴。世界各发达国家和发展较快国家的经验说明，这种开发人力资源的办法是明智的，是提高现代生产力的核心之举。

（三）民族振兴的必由之路是创新创业

产业是一个民族的依托，创业是一个民族振兴的必由之路。鸦片战争后，洋务派为挽救满清政府，开始了第一次大规模的创业尝试，但由于封建主义的本质和外国势力的入侵，这次创业终以失败而告终，中国进一步陷入了半殖民地半封建社会的深渊。

新中国成立以来，特别是改革开放以来，在中国共产党的领导下，一大批高举振兴民族产业大旗的有志之士开始了新一轮的创业，再一次证实了振兴中华民族的有效途径就是创业，特别是高科技领域的创业。

未来国际社会的竞争，将越来越体现为以经济、科技和军事实力为基础的综合国力的较量。要迎接这种挑战，就要以国家创新体系（包括知识创新系统、技术创新系统、知识传播系统和知识应用系统）为平台，全面增强国家的科技创新能力。科技进步激发学习的革命，知识经济催化教育的改革，这些都需要我们具有创新的精神，运用创新的方法，推进创新的改革。

对一个国家来说，创新是一个民族进步的灵魂，是一个国家兴旺发达的不竭动力，随着竞争的加剧，创新已成为一个国家发展与发达的关键。创新是带有氧气的新鲜血液，是一个国家的生命。

对社会而言，创业可以促进国家经济发展与科技创新，创造巨大的经济效益和物质财富，同时还有助于提高社会就业率，丰富就业渠道，特别是对于缓解我国目前存在的就业压力具有重要的作用和深远的意义。人们的创业实践活动还具有推动我国创新教育发展和加快培养创新型人才的功能。

三、人类的追求

（一）人类未来的物质需求呼唤创新创业

人类的未来从表面看取决于空间、能源和耕地等资源的储备，但最终仍取决于人类智慧的开发程度，取决于科技创新的成果。地球上的人口数量仍然在增长，人们面临的问题有两个：一是怎样不断满足人类物质文化生活的需要；二是怎样有效控制地球人口的不断增长。目前解决这两个问题的急迫和可靠的办法是增加物质总量。但是，物质生产的增加，不能再以过去那种简单的方式进行了。很长的时期内，人们都是靠简单的资本投入或劳动力的增加来提高生产力的，这是一种低层次的，既浪费资源又破坏环境的发展方式，必须靠科技的创新和开发来解决。

人的基本需求是人作为自然人的需求和人作为社会人的需求的统一。根据马斯洛的需求层次理论，人类有五种基本需求（生理需求、安全需求、社会需求、尊重需求、自我实现需求）。物质需求是众多需求中首要和基本的需求，人的物质需求包括吃、穿、住、用、行等基本需求。在市场经济条件下，消费者的需求是进行投资、生产、销售的指挥棒，是市场上一只“看不见的手”。可以说，有什么样的需求，就有什么样的供给，这样才能维持市场经济的正常运行。人的需求随客观环境的变化而变化，例如，随着经济社会的发展和科学技术的进步，人们对物质的需求也越来越讲究绿色、保健、方便、舒适等。吃的方面要求食品绿色无公害，能起到保健作用；穿的方面追求年轻、时尚、漂亮；住的方面追求情调、方便、环境舒适等。这都要求国家针对人们未来生活的需求，对现有的物质供给进行创新，依靠科技，改进和提高现有的技术工艺，提高人们的技术水平和艺术审美能力，这样才能提供令人们满意的物质消费品和服务，才能在竞争激烈的市场上占有一席之地。

（二）人类未来的精神需求呼唤创新创业

人类的需求除了物质需求以外，还有精神需求。这是人类区别于动物的根本点。即使物质条件充足，也不能代替精神需要。相反，精神上的满足可以抑制对物质的追求。

所谓精神需求是指科学、美学、仁爱、崇拜、尊重、抚养需求等，从人的本性来讲，渴求内心的愉悦和满足永远是人类精神需求的主题。在未来社会，随着物质生产条件的逐步改善，人们的物质需求将得到更大的满足，随之而来的精神需求将急剧增加。在现实生活中，人们往往感叹人与人之间冷漠、缺乏关爱，知识匮乏，生活变得空虚，社会道德沦丧等，这都是精神需求没有得到满足的具体表现。这些都是未来精神需求亟须解决的突出问题，这也从另一个角度对科技创新、制度创新提出了新的要求。

（三）个人的发展呼唤创新创业

对于个人而言，通过提升自己的创新能力来提高创业能力和生存竞争能力已是必由之路。大量实践证明，具有较强创造创新能力的人，其工作适应面更广，工作质量更高，创造的效益远远大于创造创新能力低的人。当前，新知识、新事物、新问题层出不穷，一个人无论从事什么工作，都必须具备创造性地解决问题的能力。不仅科学家、技术人员需要创新，而且从政、从文、从艺、从工、从商的人，也要不断地产生新思想、新路子。行行有发明，人人需创造，处处看发现，时时讲创新，整个社会才有活力，才会进步。创新能力是充分体现人生价值的主要方面。大学生作为社会中单独的个体，处于科技日新月异、经济飞速发展的社会大变革时期，个人的发展与社会、国家的发展休戚相关。一个人的自我价值只有与社会价值形成高度的统一才有意义，也才容易实现。青年学生要清醒地认识到时代寄予的期望，自觉培养创新意识，锻炼创新能力，提高创造性地解决问题的能力。只有这样，才会永远对社会有用，不会被淘汰。

创新是一个人在工作乃至事业上永葆生机和活力的源泉。具体而言，创新能力将决定一个人的发展前途。人们在创业过程中会遇到各种各样的困难与问题，在解决这些问题的同时，人们会不断地提高自身的综合能力，使自己不断成熟。从大学生自身来看，技术创新是创业获得市场认可的手段。大学生既没有资金，也没有社会关系，更没有相关的工作经验，而他们所拥有的正是社会所需要的创新精神和能力，只有运用自身的创新能力，才能在创业的道路上获得“第一桶金”，从而成为成功的创业者。当代大学生是伴随着商品经济、互联网经济等的飞速发展而成长起来的，相对于其父辈、祖辈而言，更容易接受新观念、新事物。尽管他们身上存在着这样那样的不足，但是崇尚拼搏、敢于挑战、追求成功的特征，使得他们最有可能成为创业大军中以技术创新为特征的生力军与成功者。

我国每年都会有数以万计的大学生毕业，但是由于种种复杂的因素，并不是每一位毕业的学生都能顺利就业。有些人即使有工作也感觉不满意，即使拥有旺盛的工作热情也做不出一番成绩来。所以越来越多的人想到了创业这一条路子，事实上有很多人毕业即创业，但是成功的例子很少。这些人创业失败的根本原因就是没有创新。现在的社会竞争如此激烈，同一行业会有很多人涉足，如果做得不够好或者不如别人做得好，那么就只能失败。如果不盲目地跟随他人的步伐，而是认真调研，分析各行各业的形势，发掘那些少见的、新鲜的区域，想出从未有过的点子，再进行充分的准备工作，那么创业必然是成功的。

第三节 创新创业教育的时代背景

我国的创新创业教育进入发展的新阶段。创新创业教育既是践行创新驱动发展战略、服务创新型国家建设的客观需要，也是高等教育应对内外环境变化、实现高等教育综合改革的内在要求。深刻认识开展创新创业教育的时代背景，建立推动创新创业教育的动力系统，完善创新创业教育的保障机制，是落实各项任务和要求的迫切需要。

一、创新创业教育与创新型国家建设

伴随着我国城镇化、信息化和国家化进程的加快，社会经济的发展正由粗放型经济向着集约型经济转变，由资源依赖型、投资拉动型逐渐向科技依托型、创新驱动型发展，由“工业经济”“制造经济”逐渐向着“服务经济”“智力经济”转变，由“人力资源优势”向着“人才资源优势”转变。21世纪，急需大批敢于创新、擅长将科研成果转化成社会生产力的创新型人才。知识是建设创新型国家和提升自主创新能力的关键性因素，战略性的资源是人才；转变经济发展的方式，优化产业结构，离不开科学技术进步和创新创业人才培养。

2014年6月9日，习近平在中国科学院第十七次院士大会、中国工程院第十二次院士大会讲话中指出：我国科技发展的方向就是创新、创新、再创新。实施创新驱动发展战略，最根本的是要增强自主创新能力，最紧迫的是要破除体制机制障碍，最大限度地激发科技作为第一生产力所蕴藏的巨大潜能。要坚定不移走中国特色自主创新道路，坚持自主创新、重点跨越、支撑发展、引领未来的方针，加快创新型国家建设步伐。

党的十九大报告提出，培养造就一大批具有国际水平的战略科技人才、科技领军人才、青年科技人才和高水平创新团队。要将这一部署作为实施创新驱动发展战略的优先任务抓紧抓好。一是推进创新型科技人才结构战略性调整，加强高端科技创新人才队伍建设，突出“高精尖缺”导向，加强战略科技人才、科技领军人才、高水平创新团队的选拔和培养。二是瞄准世界科技前沿和战略性新兴产业，支持和培养具有发展潜力的中青年科技创新领军人才，为青年人才开辟特殊支持渠道。三是培养造就一大批具有全球战略眼光、创新能力和社会责任感的企业家人才队伍，依法保护企业家的创新收益和财产权。四是继续加大海外高层次人才引进力度，面向全球引进首席科学家等高层次创新人才，

实现精准引进。五是大力推进创新教育，提升全社会创新意识和创新能力，造就规模宏大、富有创新精神、敢于承担风险的创新创业人才队伍。

建设创新型国家，提升自主创新能力是核心，人才是关键，特别是创新型的人才。创新型人才主要由知识创新型、技术创新型、产品创新型、管理创新型和制度创新型人才构成。在当今竞争激烈的社会中，无论什么类型的创新型人才，都是提升我国创新能力的战略性的资源。而创新的精神和能力才是创新人才的核心。高等学校作为我国建设创新型国家不可缺少的组成部分，肩负着培养创新型人才的重大历史使命。现代化高等学校的战略性任务是大力推进创新创业教育，培养具有创新精神和创新能力的高素质人才，培养能推动国家知识、技术、制度和管理创新的践行者和引领者，为创新型国家建设提供智力上的支持和人才上的支撑。高等教育一定要在智力方面发挥自身的资源优势，转变传统的教育理念，推进创新创业教育，构建创新创业教育体系，完善创新创业教育人才培养模式和课程体系，更新教学的内容，将创新创业教育很好地融入人才培养中，才能真正提高大学生的创新创业的能力和素质。

二、创新创业教育与优惠政策

1989 年，联合国教科文组织在“面向 21 世纪教育”的国际研讨会上第一次将创业教育的概念提出来，又被称作“第三本教育护照”。2000 年 1 月，在全国高校技术创新大会上，教育部首次公布了新的政策：允许大学生、研究生保留学籍创办高新技术企业。上述这些条件，不仅为我国高校创业教育提供了创新行动的平台和绿色通道，还将我国大学生创新教育向着创新创业教育的社会实践推进。对大学生开展创新创业教育不但是我国经济社会发展的需要，还是创业带动就业的需要。

从 2002 年高校开始扩招后，我国高校毕业生人数就以每年几十万的数量暴增，然而就业率不高，平均就业率仅有大约 70%。最近几年，我国有 800 多万高校应届毕业生，再加之之前无法就业的毕业生，那需要就业的大学生的数量之多可想而知。在这样的增长趋势下，就业岗位每年的新增数根本无法满足这一增长。这样一来就业难就成了大学生面临的最大压力，成了社会关注的焦点。

伴随着经济社会产业结构的升级，社会分工、工作岗位和人力资源市场的变化，毕业生面临着岗位转换的危机，毕业生就业的模式也从原来的自主择业和岗位就业、被他人聘用逐渐向以创办企业为主导方向的自我聘用的就业模式转变。在这一新的就业模式指导下，创业教育成了就业指导服务的新指向，对转变毕业生的就业观念发挥了重大作用。从经济管理学原理的角度看，就业和创业在适应社会需求和创造需求方面有差别，就业指的是找饭碗，而创业指的是造饭碗，也就是在自己就业的同时提供就业岗位给其他人，也就是我们常说的创业带动就业，只有这样才能从根本上解决我们大学生就业难的问题。

作为一个系统的创新创业教育，不但要求高校在办学理念方面有所转变，还需要国家、地方和政府等在政策方面的支撑。党的十九大报告指出：要提高人民收入水平，强化就业优先政策，建设高质量教育体系，健全多层次社会保障体系，全面推进健康中国建设，实施积极应对人口老龄化国家战略，加强和创新社会治理。

与此同时，国家出台了一系列优惠政策鼓励一部分具有创业能力的大学生自主创业，来缓解就业的压力，促进国家经济的繁荣和稳定。2015 年国务院《关于进一步做好新形势下就业创业工作的意见》指出：落实科技企业孵化器、大学科技园的税收优惠政策，对符合条件的众创空间等新型孵化机构适用科技企业孵化器税收优惠政策。有条件的地方可对众创空间的房租、宽带网络、公共软件等给予适当补贴，或通过盘活商业用房、闲置厂房等资源提供成本较低的场所。可在符合土地利用总体规划和城乡规划前提下，或利用原有经批准的各类园区，建设创业基地，为创业者提供服务，打造一批创业示范基地。

人社部印发《关于做好 2018 年全国高校毕业生就业创业工作的通知》，要求各地坚持把高校毕业生就业摆在就业工作首位，以实施就业创业促进计划为抓手，突出创业引领、基层成长两大方向，强化政策落实、服务保障、权益维护，拓宽多元化就业渠道，确保高校毕业生就业水平总体稳定、就业局势基本平稳。

在经济社会高度发展而劳动力面临就业、再就业的巨大压力的背景下，创新创业教育是一种新的教育模式，是世界高等教育未来的发展模式，是我国高等教育改革和发展的选择。在我国，高校创新创业教育的发展应该将转变教育思想、更新教育观念作为重中之重，将高校的创业教育很好地融入高等教育的目的和发展任务中，这样就能在科学发展观和中国梦的指导下，坚持以人为本的教育理念，让大学生的创业素质得到提升；坚持全面协调发展的思路，准确把握创业教育的功能定位，将增强大学生的社会责任感、创业意识和创业能力作为核心，将改革人才培养模式和课程体系作为重点，大力推进高校创新创业教育工作，让我国人才的培养质量得到提升。

第二章　高校创新创业教育的现状及发展趋势

创新创业教育作为全新的教育观念和教育实践在国内外高校引起足够重视。加强创新创业教育，培养创新创业人才是创新发展对国家的创新性建设的新要求，是对传统教育进行创新，加快高校的改革发展的现实选择，是提升毕业生质量的必然要求，能够促使大学生融入“大众创业，万众创新”的大潮中。

第一节　高校创新创业教育理念的演进历程

“创新创业教育”是适应经济社会和国家发展战略需要而产生的一种教学理念与模式。在创新创业教育概念出现之前，已经有“创造教育”“创新教育”“创业教育”三个概念存在并得到广泛运用，它们之间有什么区别和联系？本节对创新创业教育概念产生之前已经存在的创造教育、创新教育、创业教育在纵向上进行系统梳理。

现代中国创造教育思想提出于 1917 年，五四运动前后是中国创造教育讨论的繁荣期。著名教育家陶行知既是创造教育思想的集大成者，也是创造教育思想的实践者，他不但参与到创造教育的讨论之中，在 20 世纪三四十年代中国创造教育趋于沉寂的时候，还发表了《创造的教育》《创造宣言》《创造的儿童教育》等演讲和文章。他在将创造教育与生活教育理论和儿童教育思想相结合方面，在促进创造教育理论的中国化、通俗化方面做出了突出贡献，表现出明显特色。改革开放后，创造教育很快在全国兴起。1985 年 10 月中国发明协会成立，标志着国内正式成立了创造学的研究机构；1988 年 6 中国创造学会成立，标志着创造学研究和创造教育正式确立；1992 年中国发明协会中小学创造教育研究会成立，全国中小学创造教育步入了有组织的发展轨道，创造教育进入持续、蓬勃发展阶段。在此过程中，创造教育积极向高等教育领域拓展，1995 年中国发明协会成了高校创造教育分会，定期召开全国高等学校创造教育研讨会。

“创新教育”思想提出于1998年，进入20世纪90年代，面对知识经济初露端倪的挑战，当时的中共中央总书记江泽民反复强调创新的重要性及增强民族创新能力的紧迫性。1995年，江泽民在全国科学技术大会上的讲话中指出：“创新是一个民族进步的灵魂，是一个国家兴旺发达的不竭动力。”1998年，江泽民在庆祝北京大学建校100周年大会上的讲话中指出，全党和全社会都要高度重视知识创新、人才开发对经济发展和社会进步的重大作用，大学应该成为科教兴国的强大生力军，教育应与经济社会发展紧密结合，这是面向21世纪教育改革和发展的方向。在第三次全国教育工作会议上，江泽民强调指出：“事实已经充分说明，‘象牙塔’式的教育，不能适应当今时代的需要。”创新的关键在人才，人才的成长靠教育。为了全面落实江泽民关于创新的系列论述和指示精神，中央教育科学研究所于1998年提出“创新教育”的理念，并联合了20多个省市的教育研究机构和大、中、小学校开展了创新教育研究与实验，有力推动了教育改革。1999年下半年以后，“创新教育”的概念开始在全国主要报刊上广泛应用。创新教育与创造教育既有不同之处也有相通之处，两者不矛盾，创新教育可以说是创造教育在新的历史条件下的发展和升华。

中国创业教育的概念在1988年由四川省教育界学者胡晓风提出，在创业教育思想指引下四川省合川县（1992年撤县建市）以深入开展“生活教育整体试验”为契机，将各级各类教育纳入试验范围，进行了广泛的创业教育试验。在此基础上，胡晓风等对创业教育进行了系统阐释，概括了创业教育的概念。创业教育就是在人生历程之中进行创造和职业相结合的教育；创业教育要培养三方面基本能力，即培植生活力、培养劳动力、发挥创造力；遵循三原则，即科技、教育、经济三结合，德育为本、创业为用，学问与职业一贯。1990年下半年至1991年9月，由国家教育委员会基础教育司劳技处牵头，成立了国家协调组，并将北京市、江苏省、湖北省、四川省、河北省、辽宁省（简称“五省一市”）作为项目单位，参与了联合国教科文组织亚太地区办事处组织的“提高青少年创业能力的教育联合革新项目”。1992年年初至1995年9月，在国家教育科学“八五”规划课题资助下，江苏省开展了“创业教育理论与实验研究”，使得创业教育的核心概念得到了科学而准确的界定，为深入推进创业教育实践与研究奠定了坚实基础。2002年4月，在许多高校对创业教育做了有益的自发性探索的基础上，教育部在九所大学开展创业教育试点工作，这标志着中国高校创业教育由自发探索阶段进入教育行政部门引导下的多元探索阶段。在试点过程中，各高校分别通过不同的方式，探索开展创新创业教育实践，形成了“以课堂教学为主导”“以提高学生创业意识、创业技能为重点”“综合式”

三种教育模式，为其他高校开展创业教育提供了参考。2008 年，教育部立项建设了三十二个创新与创业教育类人才培养模式创新试验区，并取得了较好成效。试点和试验的成功经验，为在全国高校全面推进创新创业教育起到了重要的示范作用。

随着研究的日益深化，逐渐出现了将创新教育与创业教育统一整合为一个整体的趋势，提出了“创新创业教育”的新概念。“创新创业教育”的提法在 2010 年被教育部在《关于大力推进高等学校创新创业教育和大学生自主创业工作的意见》中正式采用，并明确地将创新创业教育定义为“适应经济社会和国家发展战略需要而产生的一种教学理念与模式”。这是第一个推进创新创业教育的全局性、纲领性文件，明确了创新创业教育面向全体学生，结合专业教育，融入人才培养全过程的教育价值定位。至此，不同时期基于不同目标而提出的创造教育、创新教育与创业教育在“提高自主创新能力，建设创新型国家”和“促进以创业带动就业”发展战略的旗帜下实现了高度统一，既彰显了国家战略，又表达了社会需求；既突出了本质规定，又明确了价值取向，成为新时期科学引领高等教育改革与发展方向的全新教育理念和模式。2015 年 5 月，国务院颁布《关于深化高等学校创新创业教育改革的实施意见》，继续沿用了“创新创业教育”概念，并站在国家实施创新驱动发展战略、促进经济提质增效升级、推进高等教育综合改革、促进高校毕业生更高质量创业就业的高度，明确了深化高校创新创业教育改革的指导思想、基本原则、总体目标，提出了九项改革任务、三十余条具体举措，将在高校普及创新创业教育确立为国家长期政策导向。

纵观创造教育、创业教育、创新教育和创新创业教育的历史演进过程，颇有些类似黑格尔关于哲学所做的花蕾、花朵和果实的比喻：“花朵开放的时候花蕾便消逝，人们会说花蕾是被花朵否定掉了；同时地，当结果的时候，花朵又被解释为植物的一种虚假的存在形式，而果实是作为植物的真实形式出现而代替花朵的”。由此观之，虽然不能将创新教育看作对创造教育的简单否定，也不能将创业教育看作对创新教育的简单否定，更不能将创新创业教育看作对前三种教育的简单否定，但是它们之间确实存在着辩证否定的关系。创新教育对于创造教育，创业教育对于创新教育，创新创业教育对于前三种教育都是“以新的形式与内容肯定了先前的存在”。虽然今天可以将不同时代产生的创造教育、创新教育、创业教育放在同一时空范围内来考量，提出“创新创业教育”的新概念，但是仍然需要清楚地知道四者在“求同存异”时“被隐去”的时代痕迹。只有如此，才能在时间和空间两个坐标维度中明确四者的位置，所有这一切，都有助于对创新创业教育的科学理解。

第二节　国内外高校创新创业教育的发展

世界范围内的创新创业教育是从 1919 年美国的霍勒斯 · 摩西建立“青年商业社”来开展业余的商业教育开始的。总体上可以划分为三个阶段：第一阶段是 1919—1947 年针对中学而开设的“商业实践教育”；第二阶段是 1947—1967 年专门为大学而设立的比较正规的课程教育；第三阶段是 1967 年至今的大学理论化、系统化的课程教育和专业教育以及学位教育。总之，这三个阶段总体上概括了创新创业教育系统化、体系化，以及由感性升华为理性的过程。

一、国外高校创新创业教育的发展状况

（一）美国高校创新创业教育概况

1. 美国高校创新创业教育的发展历程

美国是创新创业教育起源最早的国家，理论研究和实践走在了世界各国的前列，经历了从教学型、研究型到创业型大学的发展过程。整体上，美国的创新创业教育始于 20 世纪 40 年代，而学术界则是统一将哈佛商学院 1947 年首开创新创业教育课程这一事件作为美国创新创业教育的开端，并将整个发展历程分为以下三个时期。

起步期（1947—1970 年）。历来视教育为立国之本的美国为创新创业教育的诞生创造了良好的环境。在这样的社会背景和经济条件下，哈佛大学开设的“新企业的管理”应运而生，这一事件标志着美国创新创业教育的诞生。随着创业教育课程第一次在大学出现，一些与企业有关的书籍、创业类杂志等相继出版发行。然而这在当时的时代背景下并没有什么大的效果，即创新创业教育还不存在什么影响力。随后又因为刚刚历经经济大萧条，美国创新创业教育发展的各种“硬件”“软件”还不具备，因此在 20 世纪 50 年代，美国创新创业教育停滞不前。随后的二十年中，“新科技革命”的发展促进了美国经济的快速发展，跨国公司等现代企业组织逐渐发展壮大，这就导致了刚刚创业的小企业生存艰难，同时也在一定程度上抑制了创新创业教育的发展。

发展期（1970—2000 年）。20 世纪 70 年代以后是美国经济的“滞涨”时期。这一阶段，经济发展极其缓慢，全国只有少数学校开设“创新创业课程”。在信奉自由主义经济的背景下，美国政府出台了一系列扶持小企业的法律法规。

小企业的地位由此得到极大的提升，这无疑刺激了社会和市场对创业人才的需要。比如，硅谷创业者的成功就极大地激发了美国高校大学生的创新创业热情，由此美国越来越多的高校陆续开设“创新创业教育”这门课程。创新创业教育由此得到社会范围内更多的关注和重视，集中表现为越来越多的创业团体涌现、各种有关创业的期刊发行等。可以毫不夸张地说，这一时期是美国创新创业教育发展的“黄金时期”。

成熟期（2000 年至今）。21 世纪是美国的创新创业教育逐渐成熟的阶段。从整体上看：良好的具有支持性的创新创业教育环境已经形成，不仅政府颁布了一些有利于创新创业教育发展的社会经济政策，就连社会上的高校与企业的合作项目也不断涌现，可以说这个时期美国整个社会都进入了大众创业的时代。具体来讲，创新创业教育的稳定成熟集中体现在高校建立了一套系统化的创新创业教育体系。纵观美国创新创业教育的整个发展历程，不难发现其创新创业教育的发展与企业的生存发展状况紧密相关。一方面，大企业受企业家精神的影响，在新的经济形势下逐步向小企业发展；另一方面，小企业的发展不仅能够解决就业压力、推动经济的发展，还能为创新创业教育的发展提供牢固的社会基础，同时促进高校创新创业教育的发展。总而言之，经过七十多年的发展，美国的创新创业教育在社会经济、政治以及文化的影响下业已成熟。

2. 美国高校创新创业教育发展经验

一是美国形成了较为完善的创新创业教育体系。关于创业教育理论的研究，美国早已开始且已有许多年的历史。至于创新教育，美国学术界研究得早之又早。而“创业学”和“创新学”早已成为美国众多高校商学院中发展最快的学科。当前，美国许多高校陆续开设了有关创新创业教育的课程，大多数高校还专门成立了专职的创新创业教育机构，使得创新创业教育逐渐被纳入美国的整个国民教育体系之中，从而形成一个较为完善的教学研究体系。

二是美国高校拥有高品质的师资团队。不同于其他国家，美国高校在开展创新创业教育时为了保证其能够良好运行，专门集中优势资源形成了强大的师资力量。比如，美国大部分的高校商学院专门高薪返聘那些教学经验丰富的老教授，或是一些以前或当前正在任职某知名企业的“外部”董事。此外，那些有创业实践经历的风险投资家、实业家等也是其邀请对象。因为这些人往往具有较准确的观察判断能力，也有许多创新和创业的实践经历，知道如何正确地去创建、经营以及管理一家公司，精准地把握当下创业领域的实践发展趋势、创新创业教育的社会需求变化。这些商业界的精英们通过短期教学的形式间接地参与高校大学生的创新创业实践项目，能够为高校创新创业教育的开展提供正确的方向与路径，极大地丰富了高校创业类课程的教学内容。

三是美国大部分高校都已经建立了较为完备的系统的创新创业教育课程体系。这些课程不仅数量多，而且内容也很广泛，涉及了社会领域的方方面面，如创业意识和创新精神的培养、企业建立和规划、企业经营与管理等。此外，美国的高校尤其看重社会实践，强调学以致用。因此，大多数高校在开设理论课程后都会创建自己的创业中心或创业协会等创业机构，在全校范围内营造一种浓烈的创新创业氛围，从而给广大学生提供一个良好的实践平台。

四是美国高校比较注重增强学生的实践能力和创新创业能力。美国历来是一个崇尚自由和独立的民族，这样的民族文化给美国高校大学生的创新创业教育和活动创造了良好的发展环境，使得美国各大高校在开办创新创业教育理论课程的同时，更注重让学生学以致用，让他们在实践中不断地增强自身的创新和创业能力。总之，这种自由、平等、独立、创新的文化背景使得美国高校的创新创业教育成功得到来自社会四面八方的支援，获得诸多杰出校友、政府、实业家以及非政府组织等全社会的资源支持。

五是美国高校开展创新创业教育最大的优势便是资金充足。美国经济发展一直处在世界先进行列，因此其创新创业教育发展的资金比较充足，包括私人投资以及企业捐赠等。此外，政府也专门为创新创业教育的发展提供教学基金，激励高校大学生积极创业，从而促使高校的创新创业活动顺利开展。总之，美国的高校和企业以及政府三者之间通过形成一个“高校、企业和政府”良性互动的创新创业生态系统，在某种程度上给那些有创业意愿的大学生提供了很多有利的资源帮助和支持，从而保证高校创新创业教育的顺利发展。

（二）英国高校创新创业教育概况

1. 英国高校创新创业教育的发展历程

20 世纪 70 年代以来，石油危机引发的经济危机导致英国的经济一直处于低谷，20 世纪 80 年代，失业率到达顶峰。同时，20 世纪 70 年代中期，英国高等教育的理念逐渐发生变化，从培养研究生的知识能力拓展到激发研究生的潜能上来，尤其是政府和企业对高层次人才的需求量加大和高等教育经费的减少促使学校和企业的联系也日渐紧密，并且有了兴建创业园区的办学形式。这些都为英国创新创业教育的发展奠定了基础，加快了英国创新创业教育前进的步伐。

1982 年大学生创业项目的实施，是英国创新创业教育的开端，其目的是解决高校毕业生就业难的问题，提高就业率，鼓励大学毕业生在当地就业并尝试自主创业。在苏格兰创业基金的赞助下，大学生创业项目于 1982 年在英国斯特林大学启动，通过举办创业教育讲座，选拔学生并对其进行指导，最后通过考查学生使其进入创业课程培训班。该项目的动机主要是解决就业问题，具有很强的功利性，并以企业家速成为目标，所以理念片面，缺乏动力。后来，随着失业率降低以及创业教育成本的增加，1990 年英国政府停止了该项目。

随着社会的发展，英国逐渐意识到功利性的创新创业教育不能适应时代发展和学生个人的需要。20 世纪 80 年代末，创业教育的目标转变为培养创业者的素质和品质，并普及企业成长发展的一般规律。英国政府在 1987 年发起“高等教育创业”计划，其宗旨是培养大学生的创业能力，强调一般知识的传授要与实践相融合。

1998 年英国政府启动大学生创业项目。该项目一方面组织大学生进入创业课堂，与创业者面对面交流；另一方面教育大学生学习创办公司，使其获得创建企业的体验。这受到广泛欢迎。

进入 21 世纪，英国的创业教育指向创业文化的建设。“创业远见活动”就以培养英国的创业文化，培养青年的创业精神为己任，重点从以下六个方面入手。

一是从基础做起，鼓励青年随时创业。二是支持创业型企业，使青年学习新的商业战略。三是促使教育机构和教育系统成为创业经济的驱动力，广泛培养青年的创业技能，教授创业知识。四是与家长保持联系，鼓励青年的创业思想，支持他们去创业。五是积极挖掘妇女、少数民族等弱势群体的创业潜能。六是通过创新的方式推广创业活动，先由青年的经验学习带来行为的变化，从而逐步引起深层次的文化变革。

2004 年，英国又成立了全国大学生创业委员会，全面负责全国的创业教育，促进了高校和地区间的联系，为英国的创业教育发展提供参考。此外，英国政府还成立了各种基金，如英国王子基金、新创业奖学金、凤凰基金等。英国王子基金实施的青年创业计划，通过联合企业界和社会力量为青年创业者提供咨询、技术、资金和互联网的支持。该计划平均每年资助 5000 名英国青年创业，其创业成功率超过 60%。如此众多的政策和举措的实施，都为英国高校创新创业教育的日趋成熟打下了坚实的基础。

由此可见，英国的创业教育自 20 世纪 80 年代以来，在观念和具体实施上发生了很大变化，从初期的功利性教育到非功利性的创新创业意识、品质精神的教育，再到后来的创业文化的建立，英国创新创业教育的发展历史和路径都能对我国的创新创业教育发展提供有益的借鉴，避免我们走上功利性的弯路。

2. 英国高校创新创业教育的特点

（1）充足的经费

英国高等教育创新创业教育的经费主要来源于政府拨款以及被称为“第三条途径”的政府设立的基金会。比如：高等教育创新基金，意在加强校企合作（2001—2008 年，高等教育创新基金共开展了三轮，第三轮创新基金达 2.34 亿英镑）；科学创业挑战基金，致力于为创业教育和知识成果转化提供资金；新创业奖学金，致力于帮助弱势群体开创事业，走上独立自强的道路；全国科学技术和艺术捐赠基金，支持拔尖人才。

（2）多样的组织模式

2007 年，波萨姆与曼森在高校学生创业调查中将英国大学的创业教育组织模式分为两个大类，分别是商学院主导模式和大学主导模式。商学院主导模式分为少数几个人负责的分离式模式、团队组织型的融合式模式、专业性较强的嵌入式模式。大学主导模式分为大学嵌入式模式（在已有的组织中加入创业教育功能）、大学主导式模式（独立的团队与组织）、学院主导协作模式（若干学院共同管理）三类。六个模式各有特点，相比之下，大学主导式模式的影响力大，但在进行创业教育时需要综合考虑不同学科背景学生的特点。

（3）专门的管理机构

英国政府专款创建了英国科学创业中心与全国大学生创业委员会，全面负责国内的创业教育。创业中心兼有教学和孵化器的双重作用，促进智力财产的转化，其任务是将创业融入传统的大学教学之中，实现大学文化的改革与创新。它的主要任务有四项：第一，实施创业教育，将科学和技术专业的学生作为主要对象；第二，加强与企业界的联系，促使企业为大学提供资金和咨询指导；第三，支持师生创办知识衍生型企业；第四，鼓励技术向生产力的转化，为大学众多技术的转化提供种子基金、天使资本、创业孵化和创业科技园区的服务等。

全国大学生创业委员会加强了对大学生企业家素质的培养，尤其是鼓励大学生自主创业。其主要任务有三项：一是对高校实施创新创业教育予以理论支持，搜集和研究各国高校成功的案例，从而找出普遍性的原则；二是开展创业教育师资培训；三是支持大学生创办企业，使大学生能接受专家指导。

（4）全社会参与的创新创业教育文化体系

虽然英国的创新创业氛围不如美国浓厚，甚至受一定的保守思想的影响，创业水平也不如美国高，但是自 20 世纪 80 年代以来，在政府主导和社会的支持下，英国整个社会的创新创业氛围已经较为浓厚。

一是地方政府以及非政府组织对创新创业活动的大力支持。地方发展局是地方政府为了发展当地经济而创建的一个半自治组织。其有五个目标：推动经济发展；促进就业；提高企业竞争力；促进与就业相关的技能的发展和应用；对可持续发展做出贡献。其由公共资金支持，与高校和其他创业支持组织建立合作伙伴关系，提供各种项目，为学生提供资金、咨询和指导。与此同时，英国的很多智库和非政府组织也非常关注高校创业教育。工业与高等教育委员会由高校知名学者和著名企业家组成，致力于加强高校和企业界间的交流与合作，帮助大学生增强就业能力和创业能力，培养大学生的创新创业精神。另外，英国行业技能委员会与地区发展局也展开了密切合作。

二是企业等组织对创新创业教育支持力度大。英国的高校自 20 世纪 80 年代高等教育改革之后便与企业的交流日益频繁。企业融入高校的创新创业活动是一个双赢的举措，使学校获得了资金、平台支持和成果转化渠道，同时提升了自身的知名度，培训了员工，增添了活力。在英国，有两个具有很大影响力的企业支持大学生创业的项目。一个是壳牌技术创业项目。大学生进入中小企业实习，可以利用暑假八周的集中时间或者一年的零散时间学习。此项目已经成为全国性的创业教育项目。另一个是壳牌在线。荷兰皇室和壳牌集团建立的壳牌基金会于 2000 年 6 月在三个领域开展了支持工作：可持续性能源项目、青年创业项目以及可持续性发展社团项目。项目由壳牌公司和商业合作者提供资金，它首先为想创业的青年提供免费的咨询服务，包括顾客、市场、成本、竞争和技能等信息；其次组织商业计划和创意计划研讨会，帮助创业者解决创业难题；最后设立了创办企业奖和企业成长挑战奖。

三是高校自身重视大学生创新创业教育。英国的高校将创新创业教育明确纳入高校的规划和政策之中，为创新创业教育的开展创造了有益的环境。首先，高校在理念上重视，认同大学生创新创业教育的重要性和担任的责任；其次，高校制定了明晰的奖励制度并通过多种渠道获取创业资金。

二、国内高校创新创业教育的发展历程

我国的高校创新创业教育总体经历了一个从无到有、从萌芽到逐步发展的历程，大概分为四个阶段。

第一个阶段为1978年以前的空白期。改革开放之前，我国实行计划经济，经济基础决定上层建筑，文化教育自然会受到经济的影响，因而国内高等教育无论是招生还是就业都是严格按计划行事，带有非常浓厚的计划经济色彩。这一时期学校按指令性计划招生，学生按照计划分配。所以谈不上有什么大学生创业，至于大学生创新创业教育那就更是处于空白的状态了。

第二个阶段是高校创新创业教育萌芽时期。1985年，中共中央颁布了《中共中央关于教育体制改革的决定》，标志着我国高校毕业生就业政策的改革。该决定使得高校毕业生的就业不再分配，大部分大学生不得不开始自己找工作，但是开始进行创业实践的毕业生寥寥无几。我国自成为联合国教科文组织“创业教育”项目的成员国起，就开始了试点创新创业教育。然而这项试点教育并未取得显著成效，由于涉及面比较窄，只有少部分高校专门为毕业生开设了就业指导课程，但是总体来说我国的试点创新创业教育还是有一定的成效的，比如它从理论、实践等两个方面很好地促进了我国创新创业教育的发展。然而由于这样或那样的原因，这项试点教育最终并没有继续下去，因而我国的创新创业教育也并没有真正开展起来。

第三个阶段是高校自主探索时期。自国内清华大学首次举行创业计划比赛起，我国高校创业教育便进入了“自发探索”的新阶段，这是我国高校自主探索创业教育的开端。以比赛为依托的把开展大学生科技创新活动、促进当代大学生个性发展作为目的的计划大赛普及了必要的创业知识并倡导了一种全新的创业理念，对高校大学生有良好的示范作用，对全国各类高校影响甚大，由此引发了诸多高校独立自主地摸索创新创业教育的狂潮。例如：武汉大学为了全面提高学校的教学水平和学生的创业能力与素质，开展了“创业”“创新”和“创造”三创教育；复旦大学则是创造性地把“创业教育”融汇到学校的教学课程体系中，还在此基础上设立了各类基金来激励大学生踊跃参加科技创新项目；国内的许多其他高校也竞相模仿，不断开展各类型的创新创业项目来激发学生的创业热情，引发高校毕业生的创业热潮。

第四个阶段是创新创业教育试点和发展阶段。清华大学以及中国人民大学等九所国内高校被教育部确定为创新创业教育的试点院校。党和政府对创新创业教育也越来越重视，这些都集中表现在教育部印发的关于大学生就业工作的指导文件中。比如，政府给予这些高校高额创业资金补贴以及相关政策优惠支持等，希望这些受支持的试点高校能够引领国内其他高校的创新创业教育发展方向，能够积极地探索出一套行之有效的实践模式。总之，在这个阶段，各试点院校在我国政府以及教育部门的引导下充分利用自身优势，通过各种形式去探索创新创业教育模式与路径，并且经过多年的发展，已形成一套相对完备的理论体系。而国内其他高校则是在教育部和试点高校的示范性模式下开始实践的，甚至一部分高校也开设了较为系统化的大学生创新创业教育课程。这些都标志着我国进入了大学生创新创业教育的一个全新的发展阶段。

第三节　高校创新创业教育面临的现实问题与发展路径

一、高校创新创业教育面临的现实问题

（一）创新创业教育理念缺失

创新创业教育在我国起步晚，还处于探索、摸索阶段，现阶段并没有被社会和高校完全认同和接受。人们对创新创业教育的必要性、重要性和紧迫性的理性认识尚未形成，加之中国长期以来“学而优则仕”的观念深入人心，稳定仍是大多数大学生和家长追求的目标，导致整个社会的创新创业意识淡薄，氛围不浓厚。现阶段高校的创新创业教育更多的价值取向还是解决目前大学生就业困难的问题，并没有把它当作一种长期的培养优秀人才的行为，导致创新创业教育内涵和价值的缺失。有的高校仅仅把创新创业教育等同于创业计划大赛等简单的形式，过分注重对比赛成绩的追求，是功利性的创新创业教育理念。还有的人认为创新创业教育旨在培养经理人而非具有事业心和开拓精神的创业者，导致创业活动停留在了功利性层面上，并没有上升到开创事业的理性层面上。

总的来讲，现阶段我国的创新创业教育理念没有深入人心，创新创业教育作为大学生应有的“第三本教育证书”的理念尚待更多学生、教师、学校管理部门的接受。

（二）政策支持的执行力度不够

面对国际竞争的日益加剧、时代发展的要求和日益严峻的大学生就业形势，我国政府制定了许多政策鼓励高校积极开展创新创业教育，同时鼓励大学生突破就业瓶颈，实行自主创业，针对高校毕业生自主创业者制定了众多的优惠政策。但是鉴于高昂的创新创业教育成本，政府很难给予高校大量有效的创新创业教育资金支持。

（三）创新创业教育与人才培养体系之间存在脱节

我国当前的创新创业教育大多是课外活动、讲座形式的业余教育活动，主要停留于操作层面和技能层面，并没有融入传统的人才培养体系中，实施过程基本与学科专业教育脱节。首先，这种认识和实践把创新与创造平庸化为单纯的技巧与操作，从根本上忽略了创新和创业能力的深层次基础；其次，这种局限于操作和技能层面的创新创业教育暗含了一种狭隘认识，也就是无须从根本上对现有的专业教育和课程体系进行改革，只需添加创造学的知识和创业的技能，就可以实现相应的目标；最后，这种认识和实践会把中国的高等教育引向歧途，最终会导致中华民族的创造力与创新能力的枯竭。

由此可见，创业教育事关到高校教育教学系统改革，应该渗透到教学的各个环节，涉及人才培养模式和学生管理体制的改革。

（四）创新创业教育学科边缘化，课程体系不完善

目前在我国高校，创新创业教育并不是主流教育体系的组成部分，它或是包含于技术经济学科，或是包含于企业管理学科，并没有明确的专业定位。

由于学科边缘化，大学生创新创业教育被很多人当成企业家速成教育，就是培养“学生老板”。同时高校的创新创业课程零碎，缺乏作为一门学科的严谨性和系统性，大多没有系统的创业课程群，只是属于“职业规划”“就业指导”之类的系列讲座，而且就连讲座也没有固定的安排与系统的规划。

（五）创新创业教育师资力量欠缺

教育师资是创新创业教育课程教学的关键所在。大学生创新创业教育涉及的知识较多，综合性和实践性都很强。创新创业教育课程以行动为导向，强调在实践中积累经验，所以教师应当具有丰富的理论知识和创业管理经验。

目前教师大多缺乏企业管理和创业的经验，有的只是接受了短期的培训，讲课内容重在理论分析，无法真正培养学生的创业意识和能力。当前，我国创新创业教育的师资力量主要来自学生“就业工作”的行政部门和高校辅导员。有的高校聘任了一些成功的企业家与创业者担任兼职教师，但是在组织协调、资金支持和制度保障方面存在严重不足，加之聘请的部分企业家、创业者缺乏实际的教学经验，导致教学效果难以达到要求。

（六）创新创业教育停留于浅层，缺乏实践环节

在创新创业教育中，创业实践是其高级层次，也是增强创新创业教育实效性的基本途径，能全面提升创业者的综合素质。

多数高校资金投入的不足和实践基地的缺乏导致教学实践环节基本属于走马观花式的参观活动，阻碍了大学生对创业实践的了解与接触。再加上教学方式陈旧，影响了大学生创造力的发挥。

（七）创新创业教育范围较窄

目前，我国高校创新创业教育和活动仅使一小部分大学生受益，有较强的精英色彩，大部分大学生只能当看客。高校创新创业教育不应只是针对少数有创办企业潜质的大学生的技能性教育，而是面向所有大学生的综合性教育，可以为所有大学生终身可持续发展奠定坚实的基础。

二、高校创新创业教育的发展路径

我国高校发展创新创业教育已经经历了相当长的一段时期，探索出了形式多样的创新创业教育模式，对于创新创业教育发展的主要路径也进行了许多有益的探索。创新创业教育发展路径是指根据形势发展针对提高大学生的创新创业素质和能力而制定的行动方式和手段，以便完成创新创业教育人才培养目标。当前，关于我国高校创新创业教育的发展路径虽然已经有了很多实践探索，但是整体的研究成果依然不够丰富，而且大部分文章是从宏观视角展开论述的，对创新创业教育具体细节的指导不够，针对性不强。

应该看到，高校的创新创业教育的路径研究具有系统性，它覆盖学校教育、政府政策、大学生活动三个部分，要想实现高校创新创业教育的长远发展，就必须使这三个子系统互相支撑、互相融合、互相协调，发挥出整体性的力量。因此，各个子系统之间应科学协调，形成合力，共同推进创新创业教育的全面发展。从整体上看，虽然我们强调“大众创业，万众创新”，但是并非每一个人都有创新的素质，也并非每个人都能够创业成功，创新创业教育的本质是培养大学生的创新创业人格，让他们具备创新意识、创业精神和创新创业能力。只有具备以上资质的大学生，在未来进入企业岗位才能更好地服务于地方经济发展，才能在个体的职业发展中占得先机。所以，推进创新创业教育，研究创新创业教育发展路径，必须从宏观着手，构建一个适应当前高等教育发展的全面合理的理论体系。这个理论体系应该覆盖理论与实践、校内与校外、学校与学生、教育与社会等诸多领域。

（一）转变教育理念

1. 坚持全面发展的教育理念

创新创业教育，要以人的全面发展的教育理念为指导，来制定人才培养目标、人才培养规格、人才培养方案，开展教育活动，进行考核评价。人才需求结构呈金字塔的形式，而在这些就业岗位中，只需要极少数的精英人才，绝大多数毕业生必须在生产服务一线工作。但我国的高等教育现状是在相当长一段时间里将培养研究型人才作为主要目标，极大地忽略了应用型和创新创业型人才的培养。在培养过程中偏重学习理论知识，忽视了对大学生创新素质的培养和实践能力的提升。其培养的人才往往眼高手低，缺乏冒险精神和工作热情，在为人处世方面也有所欠缺，进入工作岗位后不擅长处理人际关系。

事实上，大学生毕业以后只有经历长时间的基层岗位锻炼，才能积累丰富的实践经验，才能从一个学生成长为一个职业人。而对于创业者，任何创业项目都必须从基层做起，从最基础的工作开始，了解工作流程，设计创业项目，组织创业资源，实施创业计划等，这也是一个实践操作的过程，不可能一蹴而就。他们必须学习管理经验，拓展创新创业思路，把自己塑造成具有创新精神、创业意识和创新创业能力的现代创业者。

在大学生创新创业活动中，首先在精神意志方面对大学生有基本的要求，主要体现在自信心、人生观、意志力等方面。因此，必须坚持全面发展的教育理念，主要可以从以下三个方面着手：第一，坚持素质教育本位，通过课堂教学和课外实践，使大学生在德、智、体、美等诸多方面能够得到全面的发展；第二，坚持以人为本，充分尊重大学生在创新创业教育中的主体性，发挥他们的主观能动性，全力挖掘他们的创造潜能；第三，坚持把培养大学生的创造素质作为人才培养的关键内容，鼓励大学生参与创新创业活动，激发他们的责任感、使命感，强化他们在未来社会经济发展中的重要作用。

2. 科学制定人才培养规格

创新创业人才培养，是在国家经济下行压力过大、制造业转型升级、“大众创业，万众创新”的历史新命题下提出的新要求。所谓创新创业人才是指具有创新创业精神和精益求精精神的引领者。而传统的学历教育是不能培养出这类人才的，因此在推进创新创业教育的发展过程中，必须冲破传统学历教育的束缚，借鉴职业教育的育人思路，更加强调复合型、应用型、综合型的知识、能力、素质结构，通过调查研究反复论证，科学制定人才培养规格。

创新创业人才的知识结构，包括三种知识，即专业与职业知识、经营管理知识、综合性知识。专业与职业两方面的知识共同作用于大学生，促使其在工作中不断发展，两者不分轻重，应当同等看待。经营管理知识则是创业者在创业过程中必须具备的知识。对于下属的良好管理和企业经营相关知识的掌握，是创业成功的保障。对于创新团队来说，经营管理知识同样重要。综合性知识是多种专门知识的集合，它包含多个领域的知识，如行政法规、工商管理、人际关系等相关知识。在创新创业人才知识结构中，基础是专业与职业知识，它为整个创新创业活动做准备。而经营管理知识和综合性知识则属于较高层次的知识，它们和专业知识与职业知识共同作用于创新创业活动。

创新创业人才的能力结构，包含三个方面的内容。第一，专业与职业技能。这是人们走上岗位所必须具备的基本能力，是人们进入该领域工作的必备技能，直接决定个体能否在社会上生存。第二，经营管理能力。这种能力是一种对于资源整合与分配的能力，是个体在掌握相应知识后，对各种类型的资源进行科学筹划和合理分配的能力，是在创新创业活动中很关键的能力，直接决定创新创业实践活动的成败。第三，综合性能力。它是在个体掌握综合性知识以后，所习得的各种能力。这种能力是创新创业活动得以实现，并取得一定程度经济效益的关键性能力，同时也是能力的最高层级，对于创新创业人才有着极其重要的作用。

3. 改革高校人才培养模式

在传统的高等教育中，人才培养模式封闭僵化，在课程教学的多个方面都存在严重的不足。在课程体系方面，传统高校课程体系在人才培养中存在严重的滞后性、同质化、片面性；在实践教学方面，传统的实践教学体系在人才培养过程中存在观念落后、思路不够清晰、改革力度不够、质量监控薄弱、队伍素质不高等问题。因此，传统人才培养模式下培养的学生存在创业意识不强、创新创业能力不高的问题。

要想改变这种现状，就必须冲破传统高等教育的束缚，实现开门办学。高校主要可以从以下两个方面入手。

一方面是学校实行对外开放，加强同社会各界的合作与沟通，与学校外部力量形成合力。学校应引入社会资金，弥补自身实力的不足，为创新创业人才培养提供物质保障；引进行业的导师，为学生创新创业活动提供有力的指导，为创新创业人才培养提供师资保障；积极引入企业的真实项目，让学生在校内进行锻炼，强化创新创业能力；与地方政府、科研院所共同发力，为学生创新创业提供政策扶持和技术支持。

另一方面是学校内部也要开放，高校内部的部门之间要打破界限，在全校范围内形成“全校一盘棋”的局面，加强部门与部门、行政人员与教师、教师与学生之间的沟通，形成资源共享、优势互补的良好局面。学校的各部门要齐心协力，在校园内开展丰富多样的创新创业活动，营造创新与创业的校园文化氛围。授课教师更要立足于当前的教学实际，从课程教学入手，强化创新创业教育，开设创新创业教育课程，积极开展理论研究，更新专业理论知识，强化教学技能，更好地为学生服务。教师还要与学生沟通，组建创业团队，引入创新创业专项资金，为学生的创新创业活动保驾护航。

当前，我国处于社会主义市场经济的转型期，同时也是全面决战小康社会的重要时期。在外部，国际上全球经济与科学技术以及教育竞争正愈演愈烈；综合国力竞争的核心就是科学技术的竞争，是创新能力的竞争，是经济实力的竞争。而这一切，落实到高等教育，就是在创新创业教育理论研究的基础上，推广创新创业教育，建设课程体系，着力培养“双创”人才，保障培养质量。只有如此，我国高等教育才能在未来的国际竞争中立于不败之地，为国家经济社会发展做出重大贡献，高等教育也才能具有更加长久的生命力。

（二）强化校内教学

1. 重构创新创业课程体系

近年来，中国高等教育正在进行由规模扩张向内涵建设的转型，分类发展、特色建设已经成为当前中国高校转型发展的重要指导思想。然而由于一直以来受到传统的教学体制严重的束缚，现有的课程体系存在滞后性、片面性和同质化的缺陷，大大限制了这场重要变革的发展速度。首先，课程教学理念的滞后。以往的中国大学主要强调概念性、知识性的课程教学，提倡知识本位主义，而没有顾及学生发展的社会需求与能力导向。其次，课程结构通常都是公共基础课、专业基础课、专业课的三段式结构，只重视学生的专业素养培养，忽视了学生综合素质的提升，不利于创新创业人才的培养。最后，传统课程体系在知识结构方面，片面强调专业，而忽视了知识的连贯性、综合性，片面强调整体教育，忽视学生创新能力培养、全面发展、个性发展。

不难看出，为了全面推动创新创业教育的发展，重构课程体系已经成为当前高校教育教学管理的关键任务。重构课程体系就是要处理好专业课程与通识课程、整体培养与个性发展、知识传承与能力培养之间的关系，切实做好专才与通才、科学与人文、传承与创新等的结合，尤其是要注重对创新创业类基础课的开发、选修课的开放、课外活动的引导。课程设置应兼顾其创新性与实用性，注重学科间的交叉与渗透，要理论联系实际，从学生的实际情况出发，构建科学合理的课程体系，并且要考虑学生自主学习的需求。具体来说，主要从三个方面着手。第一，相应地减少专业课程总量，增加创新创业基本素质培养的基础课程，尤其要重视通识教育对学生综合素质培养的重要作用。第二，增加一定比例的综合性课程，注意文科和理科相结合，兼顾其他学科，开阔学生的视野。此外，还应开设一定数量的综合性课程，让学生掌握跨学科、跨专业的知识，使学生形成复合型的知识体系。第三，要特别注重选修课程的开设，在设置选修课时要坚持前瞻性与经典性、知识性与可操作性、启发性与讨论性的统一，还要建立完善的选修学分制度，保证学生能够选修到所需要的课程。通过以上三个方面，学生能够拥有相对较多的时间自主学习，又具有跨学科的思维方式，还能够通过选修课来形成复合型的知识框架，对于创新创业人才培养起着至关重要的作用。

2. 改革创新创业实践教学

实践教学是指需要学生亲身参与实践才能完成的教学环节，是理论教学的继续、延伸和深化，在高校的日常教学中具有重要地位。只有通过理论联系实际，学生才能将在课堂上学习到的理论知识转化为能力，内化为素养。创新创业教育具有极强的社会实践性，相对而言封闭式的教育只会束缚学生的创新思维和创新活动，因此高校应吸收外部的社会力量，通过开放办学的模式，与企业、行业协会、政府机关、科技园等建立合作关系，通过共建实践基地，为创新创业教育搭建平台。

推广创新创业教育，要从实践教学体系入手，把握实践教学的时代性、适应性、先进性和系统性的基本特征，建立与时俱进、实时更新的实践教学体系。在制定实践教学体系的过程中还要注意实践教学参与要素的互相配合、共同作用，使实践教学与理论教学有效结合。

开展创新创业教育，不应该仅仅对学生进行说教，还必须走产、学、研一体化道路，同时为学生创新创业提供示范以及实验基地。产、学、研一体化，是当前高校培养应用型人才的必然选择，同时也是培养创新创业型人才的实际要求。所谓产，就是生产，这需要高校立足知识创新，并将之与社会生产结合起来，使高校发挥对社会生产的促进作用；“学”与“研”则是对“产”的补充，通过“产”使三者形成一个完整的统一体，更好地为经济社会发展服务。产、学、研就是要立足生产，充分借用高校的知识资源、利用社会的经济资源、利用其他社会机构的研究力量，充分整合，形成可持续发展的合作关系平台，共同创造经济效益。

关于具体的操作，可以分为两方面。一方面，高校可以在师资队伍，尤其是实践教师队伍方面与企业、行业、科研院所合作，聘请精英人才，使其担任兼职教授或是创业导师；同时也可以根据企业需要，建立创新创业平台，一方投入人力，一方投入资金，开展横向课题研究，培养创新创业人才。另一方面，企业可以在高校建立专家指导团队，吸收高校先进的科研成果，更新换代产品，将其转化为短期可见的经济效益。在创新创业实践方面，企业家在同学校的接触过程中，能够实质性地形成一张巨大的创业关系网络，这对于那些致力于创业的学生来讲，着实是一笔巨大的无形财富。

3. 探索创新创业教学模式

21 世纪以来，随着现代技术的高速发展，尤其是信息技术的深度开发，当前各领域工作者的职业素养急需得到提高，这一现实反映在高等教育领域，就是要求当前的高校深化教育改革，创新教育教学模式，探索出符合创新创业人才培养需求的教育路径。创新创业教育是一种从内容到形式都有别于传统教育的新型教育，甚至可以说是一种革命性的教学观念。基于这一现实，借鉴外国创新创业教育经验，探索并实践国内的创新创业教育模式就成为当下摆在高校面前的重要课题。具体来说，应该从两个方面入手来探索新型的创新创业教学模式。

一方面，从教学内容入手，高校着力突破专业和行业壁垒，拓宽涉及专业范围，丰富学生学习的课程体系与知识结构，调动个体学习的主动性，使学生在学习内容方面拥有自主选择权，依照他们的需要构建复合型的知识体系。传统的课堂教学内容也要加以改革，从国外创新创业教育的成功范例中汲取经验，借鉴其好的教学方式，比如可以邀请社会精英来校讲座，为学生提供现实的创业指导，进一步丰富高校课堂教学内容，更新学生的知识体系。

另一方面，从教学形式入手，创新创业教育对于教育教学方法有更高的要求，不仅需要客观的理论传授，还要推陈出新，采取案例式、探讨式、启发式、现场式等新的教学形式，让学生在生动活泼的教学环境中学习。随着信息技术在高等教育领域的推广，慕课、微课等新的教学平台出现，学生有机会接触更多的创新创业知识。这种新技术利用声、光、电的设备向学生全景式地展示创新创业的各个环节，对创新创业教学形式的改革具有很重要的推动作用。

同时，高校还要充分利用第二课堂，通过开展创业计划大赛、创业交流、创新科技大赛、创新社团活动、创新工作室等方式，进行全方位、立体式的创新创业教育。学校定期组织座谈会，让业界精英、创新创业达人与学生面对面地交流，为其解决创业过程中的具体难题，并提供经验，进一步激发学生创新创业的热情。此外，通过其他形式多样的创新创业实践活动，诸如各学院刊物的策划、学生社团的组织与管理、大型公共活动的设计与组织、科研或学术研究的起草与申请、法律实践或金融实践的模拟等，使不同专业和不同特长的学生均可为将来的创业积累有益经验。高校还应该对创新创业活动有所拓展，如大学生科技创新竞赛、创新实验室、众创空间、创科大学等新的创新创业形式应该在大学里“百花齐放”。

（三）优化校外环境

创新创业教育的全面开展光靠高校的自身力量是不够的，还需要各种社会力量的支持。培养创新创业人才，做好高校校外教学环境保障，国家和政府应该集中整体的社会力量参与其中。创新创业人才培养是为国家经济社会发展服务的，是为提升企业竞争力服务的，是为地方政府未来发展服务的，因此在推进创新创业教育的过程中，政府绝对不能缺位，必须在利用市场机制的积极作用的同时强化自身的责任。在中国，政府是国家公共权力的绝对拥有者，其能充分调动各种有利的因素，对教育行为有重要的引导作用。事实上，各地高校的发展往往受制于地方政府，这种受制体现在各类资源上。基于此，高校与政府在推进创新创业教育过程中就必须互相支持。具体来说，可以从四个方面来优化创新创业人才培养的校外环境。

1. 普及创新创业政策

正如前文所提到的，中国的创新创业教育政策正在逐渐向制度化、科学化、系统化方向发展。尤其是近几年，国家和政府多次提出要营造“大众创业，万众创新”的氛围，先后出台了《关于大力推进高等学校创新创业教育和大学生自主创业工作的意见》《国家中长期教育改革和发展规划纲要（2010—2020年）》《关于全面提高高等教育质量的若干意见》《普通本科学校创业教育教学基本要求（试行）》等系列文件，倡导全民参与创新创业，构建和谐社会。这些政策的出台，也很好地对各级地方政府起到引导作用。

在高校全面推进创新创业教育的当前，地方政府也要在创新创业教育中发挥自身的作用。地方政府主要可以从三个方面来推动创新创业教育。首先，在政策推广方面，要让大学毕业生全面地了解国家和地方政府关于毕业生创新创业的政策，充分调动大学生创新创业的积极性，发挥现代大学生的个性与创造力。地方政府要收集整理创新创业相关政策，向大学生普及创新创业相关知识与政策，激励大学生从事创新创业活动。其次，在政策理解方面，地方政府要让大学生正确理解，并能够很好地利用相关政策。地方政府可以通过分析会、报告会、听证会等会议形式，全面解析政府对于创新创业的扶持政策，为大学生创业提供政策咨询，担任决策顾问的角色，同时致力于支持大学生的创业行为，必要时还应该提供一定的物质保障。最后，在创新政策制定方面，要真正立足于大学生所想、所需，通过调查研究，合理制定各种创新创业政策。地方各级政府还需要努力优化社会创新创业环境，通过科学合理的理论研究、政策检验，全面制定符合市场需要的新型创新创业政策。

2. 构建多元融资渠道

中国的高等教育经费主要来源于政府拨款。高校，尤其是公办本科院校，其公益性的办学定位，让其对政府有一种天然的依赖。为了更好地在高校推进创新创业教育，加大对高等教育的投入，制定合理的经费保障制度至关重要。但是盲目增加投入，对于高校的良性发展并没有好处，政府应引进竞争机制，分配高等教育财政拨款时体现效率优先的原则，在保障公平的前提下，提高教育经费的整体利用率。尤其是对那些服务地方经济发展的应用型人才培养院校，在财政拨款时应该有所倾斜。政府在顾及以基础理论研究为主的高校的同时，也要兼顾以应用型研究为主的学校，因为这些学校培养的人才同样是为社会发展服务的。为了推动创新创业教育，政府应该为具有创新创业能力的大学生提供一定的经费支持，缓解大学生的筹资压力，帮助他们实现创新创业梦想，同时对地方经济社会发展做出重要贡献。地方政府应该积极借鉴发达国家扶持创新创业教育的有效经验，通过政府、社会以及银行这三条主要渠道来建立创新创业的专项基金，形成创新创业财政的绿色通道，还要设立专门的创业和创新贷款，建立“大学生创新创业基金”。这些方式可以为大学生创新创业活动提供一定的物质保障，能够让大学生在创业活动中没有太多的后顾之忧。

地方政府可为大学生创新创业提供以下四种筹资方式。一是担保贴息贷款。政府或者企业为学生提供贷款担保，银行出台减息让利政策，甚至可以对有潜力的创业项目提供贴息扶持。二是信用担保贷款。政府通过为优秀大学毕业生提供信用担保贷款的方式，为优秀大学生提供资金扶持，降低大学生创业的门槛，尤其是在校大学生可能拥有有潜力的创业项目，但是往往因为资金有限，不得不望“创业”而止步，对于这些优秀的大学生，政府应该给予资金上的支持。三是创业孵化器。由政府牵头在高新开发区建立大学生创业孵化器，在园区内开辟大学生创业的专门场地，免费向创业大学生提供，还可以借贷部分资金给创业大学生。四是一条龙服务。大学生创业往往对于公司的开设等问题不太了解，对于税务政策也不明了，政府要建立大学生创业绿色通道，降低大学生创新创业的市场准入条件，减少公司注册资金，减免大学生创业办理工商税务等相应证件的费用。

3. 开放办学自主权利

由于高校与政府存在天然的联系，高校在发展过程中时常受到政策性的制约。尤其是在公办院校，学校师资条件好、基础设施完善、校风学风较好，是培养创新创业人才的主力军，但是由于各种因素，公办高校经常出现管理体制僵化、经费使用死板等问题。

正是因为存在这些问题，政府在对高校进行宏观管理时，要依照社会发展的趋势，对高校的教育提出相应要求。在具体的管理过程中，政府应该给予高校充分的自主权，高校是学生进入社会的最后一道门槛，承担着重要的人才培养任务，死板僵化的管理会极大地限制高校人才培养职能的发挥。因此，政府最好不要直接参与高校的内部管理，更不能对高校内部的运作环节与过程进行干预。高校系统内部的宏观发展，重点体现在高等教育事业的前进方向以及质量标准建设等方面。

总而言之，政府对于高校的管理，应该是一种宏观管理，而不应该是具体控制，要对高校办学自主性予以充分的尊重。政府关注的重点应该是地区高等教育发展的整体规划与办学形式的规范化。但这种管理并不应该涉及具体的事务性工作，必须尊重高校的相对独立性，虽然高校是国家所有，但是还是应该与政府相分离。

4. 完善政府服务体系

地方政府要为高校的发展提供必要的服务，高校的确承担了人才培养的历史性重任，但是培养的人才最终还是为国家经济社会发展服务的。创新创业人才培养，是在国家经济下行压力过大，制造业转型升级势在必行的前提下提出的，是高校响应国家发展要求而做出的主动改变。这样，地方政府的介入就成为一种必然，更重要的是地方政府还要引入其他各方面的力量，来共同推动教育领域的巨大变革。因此，完善政府服务体系，搭建学校与其他社会力量合作的桥梁，就成为当前政府推动创新创业教育、激发创新创业潜力的重要举措。

当前，许多发达国家已经拥有了较为完备的青年创新创业的服务系统，而我国政府和各级地方政府的服务系统还不完善，需要从基础环节入手，着重完善创新创业服务体系，具体来说就是要加强六项服务。一是创新创业信息发布服务。对创新创业的咨询要有定期发布的渠道，以吸引更多的人才投入创新创业活动中，主要有报纸、电视、互联网等媒体。二是创业项目跟踪服务。对创业项目，尤其是有潜力、能带来经济效益的项目，政府部门要进行评估，并配备专门导师，进行一对一咨询指导服务。三是共享创业资源信息服务。借鉴国外“大学生创业超市”经验，整合大学生创业项目，帮助他们形成团队，实现资源的优化配置，共享创业信息。四是创业法律咨询服务。大学生创业需要法律的支持，政府应该鼓励大学生创业，成立专门的法律援助中心，维护大学生的创业权利。五是创业活动服务。政府应该针对大学生创业的重点、难点问题，组织专门的研究团队进行攻关，帮助大学生解决创新创业中的现实性问题，帮助大学生创业。六是创业活动激励服务。大学生创业并非一蹴而就，需要一个相当长的准备过程，因此既要为其提供必要的物质保障，又要调动积极因素为大学生创业服务。

在创新创业教育的发展过程中，政府同高校既各自发挥作用又互相补充，所以要厘清政府与高校之间的关系，形成合力，全面推进创新创业人才培养，为社会的转型发展和经济水平的持续提高贡献力量。

第四节　高校创新创业教育的发展趋势

一、“面向全体”是主流趋势

教育部于 2010 年和 2012 年分别颁发文件强调“创新创业教育要面向全体学生”，各高校也通过多种方式积极贯彻“面向全体”的教育理念，从创新创业教育的目标和对象出发对其做出解读，认为“面向全体”是以培养所有学生的创业观念、知识和能力为目标，重点在于创业意识启蒙和创业知识普及。事实上，“面向全体”的创新创业教育有更为丰富的科学内涵，例如，有的学者提出的“广谱式”和“全校性”创新创业教育，就是“面向全体”理念的深化和具体化。有的学者将“面向全体”的创新创业教育分为初级、中级和高级三个发展阶段。笔者认为，以数量增长为核心目标的初级阶段已经结束，当前正处在以组织转型为目标的中级阶段，应该加快深化改革的步伐，尽快过渡到高级阶段，实现理念置顶、和谐共存、创建生态系统的核心目标。

二、形成特色鲜明的教育模式是重要途径

高校创新创业教育的特色模式主要有“校本模式”“区域模式”“行业模式”三类，高校在坚持“校本模式”的同时主要呈现出向区域特色和行业特色发展的趋势。未来各高校创新创业教育要形成“三位一体、特色鲜明”的模式，即各高校创新创业教育模式要将“校本、区域和行业”三方面有机结合，统筹协调、紧密联系，以实效性作为创新创业教育模式选择的判别标准，形成具有

鲜明特色的创新创业教育模式，使不同高校创新创业教育的效果最大化。“三位一体、特色鲜明”模式的核心在于“利益契合、准确定位”，高校结合实际，积极探索研究与区域特色、行业特色融合的利益契合点，让地方政府、企业通过“官产学”合作的形式积极参与创新创业教育，为创新创业教育提供资源，并构建高校自身发展与区域经济和行业共同进步的良性互动机制，整合校内外资源，最终实现区域特色、行业特色与高等教育的协调、互动和可持续发展。

三、完善教育体系是实现纵深发展的关键

创新创业教育体系的核心是课程教育体系和实践教育体系，发展的方向是通过“课程实践化、实践课程化”，实现从“知行并重”到“知行融合”的跨越。

（一）创新创业教育课程体系的实践化

创新创业教育课程体系的实践化包括“课程内容实践化”和“教学方法实践化”两个方面。“课程内容实践化”是指教学内容要与创业实践紧密结合，在创新创业教育课程中增加创业实践内容。在增加创业实践内容的同时，也不能弱化理论知识，创新创业教育课程内容实践化不等于“去理论化”，不能将理论与实践对立起来，而是将二者有机融合，通过实践案例来丰富理论知识，通过理论知识来指导创业实践。“教学方法实践化”是指在教学中综合运用开放式、互动式、研讨式、案例式等多种实践取向的教学方法。在课程教学中综合运用模拟教学、活动教学、体验教学、案例教学等方式，在课堂上增加学生的创业实践体验，可以在一定程度上弥补创业实践教育体系覆盖率低的不足。

（二）创新创业实践教育体系的课程化

通过创业实践，学生学习的创业理论知识得以运用，在实践中积累创业的相关经验。创新创业实践教育体系包括竞赛、园区和活动等载体，当前应该在科学规划的基础上，完善现有载体、探索新型载体、强化育人功能，实现创新创业实践教育体系的规范化发展。一要科学规划，将创业实践教育与专业实践教育有机结合，在内容、形式、师资、管理和保障等方面参照“课程”体系的标准去建构和完善。二要转变实践教育观念，使学生和教师正确看待创业实践的目的和意义。三要规范实践教育过程，突出强化实践教育的育人功能。四要完善实践教育考核方式，轻结果评比，重能力培养。

四、构建系统化协同推进的支持体系是有力保障

创新创业教育是一项系统工程，需要体制机制、师资队伍、社会资源等多个因素作保障。

（一）成立大学生创新创业教育专门机构，完善体制机制

创新创业教育的深入发展对于机构和制度保障要求越来越高，建立专门的大学生创新创业教育机构，并健全制度、理顺机制是未来发展的趋势。具体而言，要结合自身特点成立大学生创业学院或中心，要把创新创业教育和大学生自主创业工作纳入学校重要议事日程；理顺领导体制，建立健全教学、就业、科研、团委、大学科技园等部门参加的创新创业教育和自主创业工作协调机制；统筹校内资源，整体规划和协调创新创业教育、创业基地建设、创业政策扶持和创业指导服务等工作，明确分工，确保人员、场地、经费投入。

（二）打造“三师型”师资队伍

一方面是重点建设、完善师资队伍结构中的“三种类型”，即理论型的校内专职教师、综合型的校内外兼职教师、实践型的社会兼职教师。另一方面是教师必须具备“三种素质”：能讲课，拥有“广而深”的专业知识；能咨询，拥有“精而专”的实践技能；能实战，拥有“丰而强”的创业阅历和能力。

（三）构建科学化、规范化、具有可行性的产学联盟支持系统

产学联盟是一种全新的合作形式，包括各高校之间的高校联盟及企业间的企业联盟。产学联盟支持系统的构建有三个原则，即利益契合、优势互补、资源整合原则；包含五个子系统，即作用系统、平台系统、组织保障系统、机制保障系统和过程控制系统。通过作用系统推动高校和企业相互合作，具体合作途径则通过平台系统实现，通过组织保障系统和机制保障系统确保产学联盟的顺利运行，通过过程控制系统对各个环节进行控制，为创新创业教育提供资源和经验支持。

第三章　高校创新创业教育理论基础

高校创新创业教育以培养具有创业基本素质和开创型个性的人才为目标，不仅仅以培养在校学生的创业意识、创业精神、创新创业能力为主，而是要面向全社会，针对那些打算创业、已经创业、成功创业的创业群体分阶段、分层次地进行创新思维培养和创业能力锻炼的教育。创新创业不是凭空臆造的，它是建立在知识的传播、转化和应用的基础之上的。高校培养人才绝非为教育创新而创新，而是以理论基础和文化基础为支撑。

第一节　高校创新创业教育的内涵

一、创新教育与创业教育

（一）创新教育

1. 创新教育的含义

当前，文献对于“创新教育”一词的界定已有许多，但是总体上可分为两类：一类是以培养创新素质，如创新能力、创新思维和创新意识以及创新人才为目标的教育活动；另一类则是一种新时代下的新型教育，其是相对于传统教育而言的。而国际上则是将创新教育简单地分为两大类：第一类是从狭义角度出发，认为创新教育是一种以培养创新人才为终极目标的教育活动，所谓创新人才就是指那些拥有冒险精神抑或创新精神、创新能力、创新思维的符合时代潮流的新型人才；第二类则是从广义角度出发，强调创新教育不同于以往的传统教育形式，它比较注重个人创新能力和创新素质的提高。总体上它反映了当今时代的新要求，是一种创业知识和内容丰富的新型教育活动。这种新型教育活动不仅包括对整个大环境的分析判断能力，还包括一些其他能力，如基础知识学习能力、资源利用能力、捕捉商机能力、创业实践能力、风险预测及控制能力、沟通协调能力等。在现实生活中，学者在定义创新教育时不单单要将创新教育的历史发展沿革已经业已形成的规约考虑在内，不仅要认识其发展历程和目前已经约定的规约，还要考虑其在之前基础上的升华以及未来的发展趋势。

综上所述，不难总结出广义上的创新教育就是，促进社会人去创新的教育。只要是围绕人的创新能力的提高的教育均可以叫作“创新教育”。作为培养创新人才的基地，高校的创新教育就是培养大学生的探索能力和知识应用等能力的一系列创新教育活动。高校的创新教育必须使学生主动地学习，敢于突破思维定式，善于思考，而非只被动地接受前人的思想成果。“创新能力”是指一种综合能力，它集中表现在创新活动中的观察和分析能力与实践能力等方面，强调的是个体综合应用各种资源并且在已有成果上的突破与创造。此外，创新能力不仅仅是个体的自身认识能力与实践能力的简单结合，它还是个体自身的创造力与社会整个大环境的有机结合。

笔者认为创新教育的发展是新时代的产物，是当下这个新时代对高等教育提出的要求，顺应了高等教育发展的潮流，是一种对传统教育模式的彻底性改革，培养大学生的创新精神并逐步提高大学生的创新能力是创新教育的宗旨。这种教育模式试图营造有利于提高大学生创新能力的环境，通过实践，发掘大学生的创新潜能，培养其探索精神，提高大学生学以致用的能力。

2. 创新教育的认识定位

在对创新教育的认识上，教育界存在许多模糊认识，澄清这些模糊认识对创新教育实施有极为重要的意义

（1）创新只是少数天才学生的事

一些教师以为创新是人的高级智慧，只有少数大学生才拥有。其实，创新是人的本性，人人都具有创新的潜能与倾向，创新是人生存的需要。问题的关键是我们后天的教育是否激发了这种潜能。联合国教科文组织的报告《学会生存：教育世界的今天和明天》指出：“教育既有培养创造精神的力量，也有压抑创造精神的力量。”人的创新精神与能力不完全是由先天因素决定的，后天的教育因素也是重要的决定力量。所以，创新教育应具有全体性，应面向每一个大学生。

（2）创新只是自然科学的事

许多人认为创新就是科学发现、技术发明，只有科学教育才能培养人的创新精神与能力。实际上，不仅自然科学需要创新，社会科学与人文科学同样需要创新。创新教育应具有全域性，面向每一门学科。

（3）创新只是课外活动的事

也有许多教师以为，课堂教学的任务就是传授知识，创新只是课外活动的事。这种区分人为地割裂了传承与创新之间的内在联系。创新是整个教育模式、教育制度和教育观念的全局性改变，并不是局部的修改和增减，它应贯穿于课堂教学、课外活动和日常教育生活等方方面面，成为全部现代教育的精神特质，局部性的教育创新不可能是真正意义上的创新教育。其中，课堂教学是创新教育的主渠道，也是学校教育改革的着重点。

（4）创新只是智力活动的事

还有一些人认为，创新是一个人的智力表现，高智力必然会有高创新。这也是一种错误认识。创新不仅是一种智力特征，更重要的还是一种人格特征或个性特征，是一个人综合素质的凝结性表现，是一个人的自我超越和自我发展，是一个人潜能和价值的充分实现。在人的智力水平相当或恒定的情况下，非智力因素往往起着决定性的作用，许多有创新精神的人并非智力超群，而是非智力的人格特征出众。单纯的智力活动只能培养匠人，而不能培养大师。所以，创新教育具有综合性，是个体生命质量的全面提升。

（5）创新只有正面的效果

几乎所有的人都认为，创新是好的事情，人们可以尽情地去追求。殊不知，创新是一把双刃剑，它既可以成为天使，也可以成为魔鬼；既可以为人类造福，也会给人类带来灾难。现代社会的高级犯罪有哪一宗不是创新的结果呢？创新只是工具，并不是方向本身，创新还不能单独成为目的，创新教育也不能代替现代教育的全部，它必须与道德教育整合，培养人的同情心和责任感，把人的创新精神与创新能力引向为人类造福的方向上来。所以，创新教育具有双重性，现代教育必须致力于相互整合，兴利去弊。

3. 创新教育的意义

（1）创新教育是知识经济时代的基本职能

由农业时代发展到工业时代，再由工业时代向知识经济时代过渡，是人类社会生产力发展的必然趋势。生产力发展水平决定经济发展水平，生产力和经济发展水平决定教育发展水平。由于各个时代的生产力发展水平和条件有差异，这就决定了在不同的时代——农业时代、工业时代和知识经济时代，教育就具有不同的基本职能。

以原始农业、畜牧业的出现为标志，人类进入了农业时代。在数千年的农业经济时代，水、阳光和土地是人类利用的主要自然资源，农业、畜牧业和家庭手工业是主要生产方式，90% 以上的社会成员从事农业生产。虽然人们征服自然、改造自然的能力增强了，但当时的生产力水平还非常低，人类生产主要依靠个人的体力和经验，不需要更多的科学文化知识，所以，生产力的发展还没有向学校教育提出培养有文化劳动者的要求。而且，生产经验大部分掌握在个人手中，培养社会劳动者也只能是通过个人之间的传授进行，人类通过不断的继承、不断的积累来接受知识和经验。因此，在这个时代，虽然教育的内容日益丰富起来，但在形式上仍然是封闭式的，教育的基本职能就是对知识的继承。

以蒸汽机为代表的第一次工业革命使人类从此进入以机械代替人力的工业时代。机器大生产逐渐代替了人的体力劳动，经济得到了迅速的发展。200 多年的工业经济时代虽然不算长，却创造了农业经济时代不可比拟的物质文明。工业经济的主要要素是自然资源、大机器和掌握工业生产知识和技能的人。伴随着资本主义的发展和壮大，它的经济市场迅速拓展到全球范围。与这个时代相适应，教育实现了现代化，内容丰富多彩，形式日益多样化，手段现代化。由于工业时代的产业技术革命，整个生产过程发生根本性的变化，这对劳动者的素质及其教育不断提出新的要求。大机器生产，不仅要求扩大劳动者的数量，更重要的是要提高劳动者的质量，由此，教育的发展也出现了新的特点。资本主义实行机器大生产以后，要求工人要有文化知识，要懂得生产知识，掌握一定的操作机器的技能。于是，随着现代生产的发展以及对劳动者智力因素的要求日益提高，普及教育的年限也不断向后延长。目前发达资本主义国家的教育已基本普及到高中，我国也已实施了九年制义务教育。在这个时代，教育的主要职能是对知识的普及和扩展。

以计算机的出现为标志，人类进入一个新的时代——知识经济时代。20 世纪 80 年代以来，由于光电技术、计算机技术、全球网络技术、多媒体技术的飞速发展，以信息服务为内容的信息产业迅速崛起，已成为发展最快、规模最大的新兴产业。信息科技对科学技术和社会各行业具有广泛的渗透力，改变了人们日常生活的方方面面，导致了整个社会的生产方式、生活方式以至文化观念的深刻变化，而这一切实际上都是人类进入知识经济时代的前奏。与这种新的经济时代相适应，教育的职能也必须有所转变。在知识经济时代，知识和信息的作用越来越大，知识创新成为知识经济实现的先决条件，不断创新的知识就是财富，就是生产力，是经济增长的源泉和推动力量。在这个时代里，教育的职能主要就是对知识的创新和探索。

不论从国家和民族发展的角度看，还是从个人发展的角度看，实施创新教育已显得非常迫切。虽然在历史长河中，早有创造教育的呼声，但是由于工业社会经济发展的特点，创新教育并未真正被重视起来。如今，我们面对第三次人类文明——知识经济的到来，创新教育在经济和社会发展中的需求已日益迫切，它要求从教育体系、教育模式、教育结构、教育方法以及教育内容等方面进行改革，对教育进行创新，切实提高受教育者的创新能力，为知识经济时代的到来培养大批符合时代要求的创新人才。

创新人才的培养是知识经济对教育提出的新使命。1994 年诺贝尔奖获得者贝克尔教授指出：“现代经济的前途在于知识经济，而知识经济的核心是持续不断地培养创新的人才。”知识经济时代汹涌而来，一个人要想有所作为，必须努力提高自身的创新素质。一个企业乃至一个国家要想永远立于不败之地，就必须培养各种层次的创新人才。

（2）创新教育对人的发展有着极其重要的意义

创新教育对个人良好素质和人格的形成与发展具有重要作用。传统的学习是一种继承性、维持性的学习，这在农业社会和工业社会还可以解决问题。然而在知识经济时代，科技迅速发展，人们思考问题的方式也与以往大有不同。人们不仅要适应原有的生活，更需要改造和创造新的生活条件，不断完善自我，这就需要强调创新精神、创新观念、创新行为。人们也只有接受创新的教育，才能在知识经济社会中敏捷地接受新知识，才能创造世界，创新生活。

哈佛大学校长陆登庭在北京大学讲坛上有这样一段发人深省的话：“在迈向新世纪的过程中，一种最好的教育就是有利于人们具有创新性，使人们变得更善于思考，更有追求的理想和洞察力，成为更完善、更成功的人。”卓越的创新能力充分地体现了一个人发现问题、积极探索的心理取向和善于把握机会的敏锐性。创新能力绝不仅仅是一种智力特征，更是一种人格特征和精神状态以及综合素质的体现。

人的发展是个体社会化的过程。从自然的人转化为社会的人，根本途径在于教育。人的自然遗传只是为人的发展提供了潜在的基础，其个性的发展、潜质的显现、性向的确定、兴趣爱好的养成均离不开后天教育的引导和影响。什么样的教育塑造什么样的人。知识经济时代的教育是以塑造学生的创新人格和培养学生的实践能力为重点的素质教育，教育必须承担起其培养创新人才的功能。

（3）创新教育有利于发挥教育在国家创新体系中的作用

中国科学院原院长路甬祥在其主编的《创新与未来：面向知识经济时代的国家创新体系》一书中，提出了国家创新体系的行为主体包括企业研究开发机构、科研机构、教育和培训结构、政府部门四个方面。其中，教育是国家创新体系的支柱和基础，是国家创新体系的重要组成部分。

传授文化知识和培育人才是学校的特殊功能和主要任务，知识经济时代的到来和社会生产力的巨大发展，直接强化了学校培养创新人才的功能。特别是高等学校，因其聚集了一大批一流的科学家和研究人员，所以知识创新能力越来越强，许多重大的科学发现和科技发明成果都源于学校这块沃土，很多诺贝尔奖获得者都是大学的知名教授、学者和专家。知识经济时代的到来，无疑在知识传播和人才培养方面对学校教育提出了更高的要求，同时更强烈地呼唤学校教育在知识创新和应用、科研开发、高新技术成果转化等方面发挥智力优势。显而易见，教育在知识经济时代具有不可替代的作用，决定了教育是国家创新体系的重要组成部分。

4. 创新教育的目标定位

创新教育是一项系统工程，必须从学前教育开始，对学前教育、义务教育高中阶段教育、高等教育及职业教育阶段的创新教育进行系统规划。过高或过低的创新教育的目标定位，都是不适宜的，可能会起到适得其反的效果。各个教育阶段的创新教育目标定位，应该以《国家中长期教育改革和发展规划纲要（2010—2020年）》等教育政策法规为依据。

（1）学前教育的创新教育目标定位

学前教育是由家长及幼师利用各种方法、实物为开发学前儿童的智力，使他们更加聪明，有系统、有计划而且科学地对他们的大脑进行各种刺激，使大脑各部位的功能逐渐完善而进行的教育。《国家中长期教育改革和发展规划纲要（2010—2020年）》指出：“学前教育对幼儿身心健康、习惯养成、智力开发具有重要意义。”

创新教育应该从学前教育开始，通过游戏、体育活动、课堂教学、劳动、娱乐活动等教育手段来完成，让儿童通过社会交往和游戏等方式自发地、自主地去学习。学前教育的创新教育目标定位是：

一是身心健康。儿童期是一个人性格、个性、思想行为方式、价值观念、道德观念形成的关键时期。身心健康包括情绪积极稳定、性格与自我意识良好、乐于与人交往、意志健全与行为协调。现在的孩子很多都是独生子女，自我意识很强，缺乏对他人的关心，不懂得分享，因此，作为家长和幼师，应积极引导孩子学会关心他人，学会分享，乐于分享。

二是习惯养成。好习惯是人生的财富。儿童家庭教育的重点是习惯养成，包括学习习惯（听说读写、表达、耐心、专注、探究）、生活习惯（讲卫生）、品德行为习惯（有礼貌、不任性、诚实、爱护财物）、劳动习惯等。

三是智力开发。儿童时期是人生智力发展的基础阶段，又是发展最快的时期，适当、正确的学前教育对幼儿智力的发展有很大的作用。智力包括儿童注意力、儿童思维能力、儿童记忆力、儿童创造能力、儿童想象能力、儿童判断能力等。

（2）义务教育的创新教育目标定位

义务教育必须贯彻国家的教育方针，实施素质教育，使适龄少年儿童在品德智力、体质等方面全面发展。《国家中长期教育改革和发展规划纲要（2010—2020 年）》指出：“注重品行培养，激发学习兴趣，培育健康体魄，养成良好习惯。”《中华人民共和国义务教育法》第三十四条指出：“注重培养学生独立思考能力、创新能力和实践能力，促进学生全面发展。”据此，义务教育的创新教育目标定位是：

一是品行培养。中学生正处于生理和心理迅速发育的时期，可塑性很强，应培养学生良好的品行。

二是学习兴趣。著名心理学家皮亚杰认为：“一切有成效的工作都是以某种兴趣为先决条件的。”学生有了浓厚的兴趣，才能激起探究性思维，保持活跃的思维状态，从而点燃创新思维的火花。创新过程就是学习过程，学生若对学习充满兴趣，则对创新肯定也充满兴趣。

三是良好习惯。在学习上，良好的习惯会助你在日复一日的努力中走向成功；而不良的习惯，则使你的智慧与能量在不知不觉中消耗殆尽。破除坏习惯，养成好习惯，是青少年取得学习与事业成功的第一步。良好的学习习惯应该是主动自觉、惜时如金、不耻下问、精益求精、勤于思考等。

四是独立思考。独立思考是创新人才必须具备的特质，那些成大事者都养成了勤于独立思考的习惯。学会独立思考和独立判断比获得知识更重要。培养学生的独立思考能力应从义务教育开始，教师应鼓励学生发表自己的见解，保护学生的好奇心，给学生创设独立思考的情境。

（3）高中阶段教育的创新教育目标定位

学生高中毕业后，主要是升大学。《国家中长期教育改革和发展规划纲要（2010—2020 年）》指出：“高中阶段教育是学生个性形成、自主发展的关键时期，对提高国民素质和培养创新人才具有特殊意义。注重培养学生自主学习、自强自立和适应社会的能力，克服应试教育倾向。”据此，在高中教育阶段，应全面提高高中学生的综合素质，在保证学生全面完成国家规定的文理等各门课程的学习外，创造条件开设丰富多彩的选修课，使学生获得全面发展。高中阶段教育的创新教育目标定位如下。

一是自主学习。自主学习以学生为主体，通过学生独立的分析、探索、实践、质疑、创造等方法来实现学习目标。自主学习强调学生“学”的主动性，教师的作用体现为组织、指导、帮助和促进学生的学习，充分发挥学生的主动性、积极性和创造性，从而使学生有效地进行学习。创新过程就是学习过程，因此，创新需要自主学习，尤其是创新性的自主学习。

二是研究性学习。研究性学习是教育部2002年《全日制普通高级中学课程计划》中的一项内容。研究性学习是指学生在教师指导下，确定研究专题，主动地获取知识和应用知识。创新需要研究，创新人才一定是研究型人才，培养研究能力应从高中阶段教育抓起。

三是自强自立。自强就是不安于现状，依靠自己的努力不断向上；自立就是靠自己的劳动生活，不依赖别人。自立自强是一种良好的品质，创新需要这样一种品质，这种品质在高中阶段就应该开始培养。爱迪生凭个人的自强自立获得巨大成功，以坚韧不拔的毅力从千万次的失败中站了起来，成为美国发明家。

四是适应社会。一般认为适应社会能力包括以下一些方面：个人生活自理能力、基本劳动能力、选择并从事某种职业的能力、社会交往能力、用道德规范约束自己的能力。从某种意义上来说，适应社会能力就是指社交能力，同时社会适应能力是反映一个人综合素质高低的间接表现。一个人不能适应社会，也就无法从事创新工作，因此，创新人才极需要适应社会的能力。

（4）高等教育的创新教育目标定位

《国家中长期教育改革和发展规划纲要（2010—2020年）》指出：“高等教育承担着培养高级专门人才、发展科学技术文化、促进社会主义现代化建设的重大任务。”国家对高等教育寄予厚望，希望高校能培养出高素质专门人才和拔尖创新人才，创新教育目标定位如下。

一是信念执着。创新充满艰辛、挫折、风险，没有执着的信念，创新很难获得成功。马克思说：“在科学上没有平坦的大道，只有不畏劳苦沿着陡峭山路攀登的人，才有希望达到光辉的顶点。”要使大学生成长为中国特色社会主义事业的合格建设者和可靠接班人，不仅要大力提高他们的科学文化素质，更要大力提高他们的思想政治素质。大学生品德优良，就是要坚持实现自身价值与服务祖国人民的统一，坚持树立远大理想与进行艰苦奋斗的统一，因为这是大学生获得创新成果的内在动力之一，也是中华民族的传统美德之一。

二是知识丰富。知识越丰富，创新越容易。大学生不仅要牢固、系统地掌握本学科知识，而且要熟悉跨学科知识；不仅要掌握理论知识，而且要掌握实践知识；不仅要掌握自然科学知识，而且要熟悉人文社会科学知识。大学生要学有专长，同时努力拓宽知识面，用人类社会创造的一切优秀文明成果丰富和提高自己。

三是本领过硬。本领即能力，就是指顺利完成某一活动所必需的主观条件。能力有一般能力和特殊能力。一般能力是指观察、记忆、思维、想象等，通常也叫智力。特殊能力是指人们从事特殊职业或专业需要的能力。要使本领过硬，大学生不仅要学习书本知识，而且要向社会实践学习。艰辛知人生，实践长才干，这是古往今来许多人成就一番创新事业的经验总结。

四是培养拔尖创新人才。拔尖创新人才，是指在科技领域具有巨大的创新潜力、超强的创新能力、坚定的创新精神和卓越的创新成果，远远超过该领域一般同行的顶级人才。要建设一流的学科，借鉴先进国家的教育理念和教育经验，培养大批具有国际视野，通晓国际规则，能够参与国际竞争，产生世界级创新成果的国际人才。

（5）职业教育的创新教育目标定位

《国家中长期教育改革和发展规划纲要（2010—2020年）》指出：“职业教育要面向人人、面向社会，着力培养学生的职业道德、职业技能和就业创业能力。”高等职业教育以服务为宗旨，以就业为导向。培养学生先进的技能需要跟踪，需要改进，更需要创新，职业教育的创新教育目标定位如下。

一是工作创新。工作创新就是“行行出状元”的创新，就是要做好本职工作，爱岗敬业，尽职尽责，虚心学习，勤于探索，任劳任怨，无私奉献。工作创新是一种超越自我的相对创新，就是要将本职工作做得“好上加好”，用新思路、新方法、新措施不断解决本职工作中的问题，不断提高工作效率，不断超越自我，从而实现相对创新。

二是技能创新。职业技能，即指学生将来就业所需的技术和能力。培养学生的职业能力，应以实践教学为突破口，对于高等职业教育，不光是培养熟练的高级技术工，还应该使学生具有创造性地使用所学技能的能力。

三是就业创业能力。就业就是指人们为获取报酬或经营收入所进行的活动。通常毕业生职业道德高尚，职业技能过硬，就业能力相对较强。创业通常指自主创业，是指劳动者主要依靠自己的资本、资源、信息、技术、经验以及其他因素自己创办实业。“企业家就是创新者”，因此创业能力包含了创新能力，因为创新是创业的基础、本质和手段。

5. 创新教育的基本任务

在当代中国，要成为一名创新型科技人才，应该具有以下主要素质和品格。一是具有高尚的人生理想，热爱祖国，热爱人民，热爱科技事业，努力做到德才兼备，坚持在为祖国、为人民勇攀科技高峰中实现自己的人生价值。二是具有追求真理的志向和勇气，坚持解放思想、实事求是、与时俱进，保持强烈的创新欲望和探索未知领域的坚定意志，对新事物、新知识特别敏锐，敢于挑战权威和传统观念，为追求真理、实现创新而勇往直前。三是具有严谨的科学思维能力，掌握辩证唯物主义的思维方法，善于运用科学方法和科学手段，具有敏锐的专业洞察力，能够准确把握科技发展和创新的方向，善于对解决重大科技问题提出关键性对策。四是具有强烈的团结协作精神，善于组织多学科的专家、调动多方面的知识，领导创新团队在重大科技攻关和科技前沿领域取得重大成就。五是具有踏实认真的工作作风，淡泊名利，志存高远，坚忍不拔，不怕艰难困苦，不畏挫折失败，勇于在科技创新的实践中经历磨炼，不断攀登科学技术高峰。

创新教育是以培养创新人才为基本价值取向的素质教育，高校创新教育的基本任务是，构建学生的创新知识结构，唤醒学生的创新意识，训练学生的创新思维，完善学生的创新人格，提升学生的创新能力。

（1）创新知识结构的构建

虽然知识量少的人创新能力并不一定弱，知识量多的人创新能力并不一定强，但创新需要知识的积累已是不争的事实。什么样的知识结构有利于创新？显然，创新内容不同，所需要的知识结构也不同。从创新的概念及知识经济的要求出发，通常创新人才应具备以下知识结构：

一是学科知识。虽然创新与知识的关系不是呈正比的线性关系，但一个没有学科知识或者学科知识贫乏的人是很难进行学科创新活动的。纵观历史，有很多人几乎在进行着一种简单的重复，而所有的发明都是在学科知识积累到一定程度时才得以形成。不容置疑，一个不懂管理学科的人难以创新性地管理好一个企业；一个不懂物理学科的人难以在物理学领域创新；一个不懂市场的人难以将科技成果市场化，从而转化为经济价值。因此，不同学科领域创新能力的体现要以学科知识为基础，要以学科知识为前提。学科知识是创新人才最基本的知识。

二是哲学知识。哲学对于创新的作用在于告诉我们要站得高、看得远、瞅得清。所谓的“坐井观天”“当局者迷，旁观者清”以及古希腊的“大圈与小圈”等，无一不说明只有“会当凌绝顶”才能“一览众山小”。创造性活动必须以原有的知识经验为基础，又必须要跳出原有知识经验的圈子，以俯视、审视的态度来看待已有的知识经验，就会发现它们之间的似断实连的内在联系，从而产生独特新颖的新产品。试看所有对历史的发展起过推动作用的大科学家、大发明家几乎都将学问做到了哲学层次上，这不是偶然。

三是数学知识。人类认识自然界的一个重要方面就是认识自然界的各种数量关系和形状、空间概念，并通过利用这些数量关系和形状、空间概念改造自然。一个不具备数学修养的人是无法融入高科技社会，无法完成复杂的创新工作的。数学能力是人类智能结构中最重要的基础能力之一。数学可以训练人的想象能力，数学可以锻炼人的思维的严密性和逻辑性。

四是外语知识。创新离不开科学研究，而科学研究离不开查阅科技文献，而大部分科技文献是英语。如果一个科技人员英语水平不高，那么他不能很好地查阅国外科技发达国家的科技文献，则其创新水平便难以达到世界级水平。创新需要交流，如果一个创新者英语不好，则难以参加国际交流。事实上，英语已经成为国际科技合作的语言，最先进的研究成果都是使用英语发表的。

五是跨学科知识。20 世纪以来，科学技术的发展越来越呈现出多学科相互交叉、相互渗透以及系统化、整体化的趋势。学科交叉已经成为当代科学发展的时代特征，现有的单一学科培养模式已经不能满足创新教育的需要。跨学科知识有助于创新人员利用学科之间的相关性、相融性、互补性，使不同学科知识相互结合，在多学科的融合、互动和多向交流中形成交叉思维能力。这是创造性思维能力的重要组成部分。

（2）创新意识的唤醒

创新意识是指人们根据社会和个体生活发展的需要，引起创造前所未有的事物或观念的动机，并在创造活动中表现出的意向、愿望和设想。一个人水平很高，能力很强，但没有创新意识，就不会将自己的水平、能力发挥出来。例如，一个学生若学习成绩很好，毕业后走上工作岗位，如果创新意识不强，则在工作中很可能因循守旧，不会去观察工作中还有哪些不足或存在的问题，不会去思考如何将工作做得更好，就不可能取得创新性的成果，就不可能有事业上的成功。再如，一个教师专业知识深厚，实践经验也很丰富，但如果没有意识到对学生创新能力的培养，那么在教学中必然以满堂灌为主。创新意识应渗透于个体的工作、学习、生活等一切社会事务中，使创新成为我们的自觉行动和永恒主题，树立凡事争先的赶超意识。教育部门应以此为教学改革的重点之一，一个具有创新意识的民族才有希望创造知识经济时代的科技强国。

要培养学生的创新意识，首先要从培养学生的问题意识抓起。问题意识在思维过程和科学创新活动中占有非常重要的地位，对创新教育教学活动来说，问题意识是培养学生创新意识的切入点。在弘扬创新精神的今天，培养学生的问题意识比任何时候都显得尤为重要，它对于学生掌握较好的学习方法、发挥学生的主体作用、激发学生探究社会现象的本质、培养学生的创造意识具有重要意义。

（3）创新思维的训练

创新思维是指以新颖独创的方法解决问题的思维过程，通过这种思维能突破常规思维的界限，以超常规甚至反常规的方法、视角去思考问题，提出与众不同的解决方案，从而产生新颖的、独到的、有经济社会价值的思维成果。创新思维的几种表现形式有逆向思维、发散思维、联想思维、非线性思维等。创新思维是所有人都有的，但不是所有的人都能够利用它，大量的创新思维被埋没了。因此，创新思维训练是创新教育的基本任务之一。

创新思维是一种高超的艺术，创新思维的获得依赖于人们对历史和现状的深刻了解，依赖于敏锐的观察能力和分析问题能力，依赖于平时知识的积累和知识面的拓展。每一次创新思维过程就是一次锻炼思维能力的过程，因为要想获得对未知世界的认识，人们就要不断地探索前人没有采用过的思维方法。人们不满足于现状，不满足于已有的知识和经验，总是力图探索客观世界中还未被认识的本质和规律，并以此为指导，进行开拓性的实践，开辟出人类实践活动的新领域。在中国，正是邓小平创造性的思维，提出了有中国特色的社会主义理论，才有了中国翻天覆地的变化，才有了今天的轰轰烈烈的改革开放实践，相反，若没有创造性的思维，人类只依赖于已有的知识和经验，那么，人类的实践活动只能停留在原有的水平上，实践活动的领域也非常狭小。

培养学生的创新思维，必须破除思维定式，扩展思维视角。在长期的思维实践中，每个人都形成了自己所惯用的、格式化的思考模型，当面临现实问题的时候，我们能够不假思索地把它们纳入特定的思维框架，并沿着特定的思维路径对它们进行思考和处理，这就是思维定式。视角就是思考问题的角度、层面、路线或立场，应该尽量多地扩展头脑中的思维视角，学会从多种角度观察同一个问题。

（4）创新精神的培养或创新人格的完善

众多学者认为，创新教育是指以培养人的创新精神和创新能力为基本价值取向的教育。为什么创新精神培养如此重要？因为创新有风险，创新需要付出，创新光有知识、技术、智慧还不够，如果没有冒险精神和献身精神，创新活动是难以进行下去的。所以，培养学生的创新精神是培养创新人才的重要环节之一。

也有不少学者提出创新人格的培养是创新教育的重要环节。人格一词在生活中有多种含义，如道德上的人格是指一个人的品德和操守。人格实际上是人的稳定的心理品质，是人的理想、信念、精神、情感、道德等非智力素质的总和，是人的“稳定”“持久”的心理品质。创新人格包含了创新精神，创新人格塑造或完善是高层次的创新教育。人格一旦形成，创新将成为人的一种习惯。具有创新人格的人，必然有坚定的创新理想和信念、坚强的创新意志，具有献身于创新事业的精神。

（5）创新能力的提升

一个人具有创新意识、创新思维及创新精神，不一定具有创新能力，因为创新能力是一种综合性能力，如个体的学习能力、信息能力、团队能力、实践能力、分析能力、综合能力、观察能力、想象能力、批判能力、创造能力如何都将影响到个体的创新能力，其中前四种能力对于创新人才来说，是最重要的。

一是学习能力。创新的过程是一个充满风险、充满艰辛的复杂过程，单凭个体在学校中获得知识与经验是远远不够的，还需要个体在创新过程中不断学习、不断总结经验、不断探索。因此，创新过程也是一个复杂的学习过程，培养学生的终身学习能力尤为重要，其主要特征是将学生的自主学习、探索学习贯彻到课堂教学中。

二是信息能力。信息能力包括了解信息、识别信息、检索信息资源、分析评价信息、有效利用信息、遵守信息道德规范等。培养学生的信息能力是知识经济时代的要求，是互联网时代的要求。信息能力决定学习能力，培养学生的信息能力就是要将消息转化为信息，将信息转化为知识，将知识转化为方法，将方法转化为智慧。

三是团队能力。在知识经济时代，一项创新，一项成果，很多时候已经不是一个人可以完成的了，而是一个团队完成的。中国的海尔从1984年开始创业，20年后已成为中国企业的一面旗帜，成功的原因是什么呢？是因为它有一个创新的团队。

四是实践能力。实践能力是个体在生活和工作中解决实际问题所显现的综合性能力，是个体生活、工作所必不可少的，它不是通过书本学习而得到的，而是通过参与实践活动获得的。实践出真知，脱离了具体的实践活动，人的各种能力是无法提高的。实践能力培养对于大学生、中小学生都是十分重要的。培养学生实践能力的主要途径是通过主课堂及第二课堂，如开展丰富多彩的社团活动及社会实践活动，让学生参加教师的科研活动等。

6. 创新教育的基本原则

（1）全面性原则

全面性原则是指：一是创新教育要面向全体学生；二是创新教育要系统设计。

①面向全体学生。一谈到“创新”，人们很快就会与天才联系起来，似乎创新对一般学生来说是望尘莫及的事。因此，一些学校领导和教师自然地认为，进行创新教育只要开展一些业余“小制作、小发明、小创造”活动，或鼓励学生积极参加各类各级的科技竞赛就可以了。众所周知，这类活动或竞赛，不是全体学生都能参加的，只有尖子生能参加，这种创新教育没有体现面向全体学生的原则。创新教育的提出，要求我们以欣赏的眼光来看待学生，使每个学生的潜能都能得到激发。教育者应坚信每个学生都是可塑造的，尤其是不可低估“后进生”的创造潜能。可以肯定地讲，每一个学生都是一片有待开发或进一步开垦的土地。教育者应视之为教育的资源和财富，加以挖掘和利用。通过创新教育，把学生存在着的多种潜能变成现实。只有将创新教育落实到人才培养计划中或教学计划中，落实到各门课程中，落实到每一次课堂教学中，才能说创新教育体现了全面性原则。

②系统设计。在开展创新教育的过程中，要把构成创新素质的各要素看成一个有机的、相辅相成的整体，全面促进各创新要素的整合，从而实现创新素质的整体提高。创新素质主要由创新意识、创新思维、创新人格和创新能力四维要素组成。其中创新意识是一切创新活动的认识基础和实践出发点，是创新的前提和条件；创新思维是创新活动开展的“操作系统”，是创新的途径与方法，它使人们得以创新并巧于创新；创新人格是创新性发展的动力和方向性保证；创新能力是创新素质的核心和最终体现，它把一切潜在的创新变成客观的现实，它是创新过程中的完成系统。创新教育就是要对学生的创新意识、创新思维、创新人格和创新能力进行全面培养的系统工程。

（2）个性化原则

个性是指一个人独特的、稳定的、本质的心理倾向和心理特征的总和。简单地说，个性就是一个人的整体精神面貌。创新需要个性自由。在人类发展的历史长河中，富于创新的人无不有着独特的个性。德国著名的哲学家、教育家尼采说：“个性弱的人没有超越自己的能力。”不能超越自己，则无创造可言。

从一定意义上说，创新是人的自由意志和个性的体现。所谓个性，从哲学上讲是指矛盾的特殊性，矛盾着的事物及其每一个侧面各有其特点。从心理学上讲，个性是指个人在性格、情绪、兴趣、能力、意志、品质等方面的心理特征。每个学生的智力因素和非智力因素都具有各自的特点并有自己独特的表现形式。追求个性和自由的人往往具有很强的创新意识。

创新教育应该注重塑造具有个性的创新人格，要求把学生的一切创新潜能都激发出来，培养具有创新能力的高素质人才。为此，课堂教学必须变封闭式为开放式，变以教师传授为以学生自主学习，着重坚持个性化原则。教师要善于发现并利用每个学生的心理特征优势，使学生借助自己在能力、性格、情绪、动机、意志等方面的心理优势，不断获得成功的体验，促进其独立人格与创新人格的协调发展。

（3）主体性原则

主体性原则是指在教学过程中，学生要充分发挥其主观能动性，主动积极而不是消极被动地学，真正理解和善于运用所学的知识，而不是死记硬背。传统的教学论，强调教师的主导作用，忽视学生在学习中的主体作用。与此相适应，提倡在教学时采用讲授法。著名教育家凯洛夫在主编的《教育学》中明确地说：“在教学过程中，讲授起主导的作用。”现代的教学论强调学生是学习的主体。

创新教育更要坚持学生主体性原则，一是因为学生是发展的人、独特的人、独立的人，而不是教师可以任意注入知识的“容器”，也不是可以任意描绘的“白板”。二是因为创新教育不仅要向学生传授与创新有关的知识，还要培养学生的创新意识，完善学生的创新人格，提升学生的创新能力。只有坚持学生主体性原则，创新教育才有成效。

坚持主体性原则就是要求落实学生主体地位，尊重学生、信任学生，让学生主动地发展。坚持主体性原则，教师就要讲民主，变课堂为学堂与讲堂结合；变只传授知识为既传授知识又培养创新素质；让学生从沉重的学习负担中解放出来，让学生有充足的想象与创造的时间。坚持主体性原则，就是要坚持个性与共性一起抓，既注意对共性的全体的培养，又要注意对个性的发展，特别是要重视对创造个性的培养。

（4）探索性原则

探索性原则，是指教学活动要贯彻探索精神，为学生创设探索情境，提出探索性问题。教师要引导学生在教学活动中不断地探索，得出科学的结论，通过创设探索情境、提出探索性问题，把所要传授的基本内容归纳成几个问题，用提问和讨论的方式让学生发表个人想法。即使学生发表了错误的见解，教师也要热情引导，绝不批评、嘲讽，要启发引导学生，并做出总结，肯定学生的正确方面。无论是课堂讨论，还是课外作业或考试，都鼓励学生发表自己的见解。活跃、激烈而自由的争论甚至天方夜谭式的幻想尽管可能没什么实际意义，但对开阔学生眼界、解放思想，以及培养学生提出、分析、解决问题的思维方法是非常必要和有效的。

探索性原则在创新教育教学活动中的贯彻实施，有利于促进学生的全面发展，在这个原则的指导下，教师的首要任务在于营造生动活泼的教学气氛，为学生创设探索情境，提出探索性问题，使学生形成勇于探索、勇于创新的心理愿望和性格特征。

（5）开放性原则

开放性教育是相对于封闭式教育而言的，开放性有着十分丰富的内涵。开放性教育要求教育要走出课本、走出课堂、走出学校，开放性教育要求贴近生活、贴近自然、贴近生产、贴近高科技、贴近企业行业。

①教学理论开放

要开放性地面对国内外一切最新的教育理论和经验。只有掌握国内外先进的教育理论和成功的教育经验，用先进的理论和成功的经验开阔我们的视野，解放我们的思想，并大胆地把理论运用到创新教育实践中去，才能使我们的创新教育教学活动充满活力，使我们的创新教育教学活动跟上时代的步伐。

②办学方式开放

在世界科技水平总体领先于我国的形势下，不采用开放式培养，难以尽快培养大批创新型科技人才。目前国内许多高校与国外一些高校合作办学，互送交流生，共同培养人才。例如宁波的诺丁汉大学，实行全英文教学，教材及课程设置、师资、教学资源、教学质量保障体系、校园管理条例参照英国校本部，是一种全新的探索型教学模式。在职业教育界，校企合作办学，订单式培养已相当普遍，也取得了很好的效果。

③师资队伍开放

创新教育的师资应该是开放的，应大力聘请校外优秀的专家来校兼职。香港科技大学成立于1991年，短短20年时间，一跃成为世界著名大学，2011年成为权威的国际大学排名榜“QS亚洲大学排名”的第一名，堪称世界高等教育史上的奇迹。香港科技大学的成功得益于想方设法聘请世界一流人才来校任教，组建了一支高水平的教师队伍。

④教学内容开放

教学内容不仅仅是课本中的本学科内容，也可能是课本外的跨学科内容。美国斯坦福大学的授课内容与方式是很开放的，很多课主要不是靠教师讲授，而是学生自己阅读大量的学术刊物，学习本领域的学科知识，上课时由一位学生做专门发言，教师不断提问，以促使学生的潜能得以充分发挥。

⑤教学场所开放

传统教学以教师课堂讲授为主，教学场所当然以教室为主。创新教育以学生自主学习、合作学习、探索学习为主，其教学场所不仅仅局限于教学楼与教室，可以在实验实训室，强调让学生多接触生活、接触社会、接触大自然。

⑥教学资源开放

学校的教育资源总是有限的，可以充分利用社会上的教育资源。在职业教育界，引厂入校、进厂建室等校企共建实训实验室的模式已相当普遍。

开放式教育是过程、是途径、是手段，培养创新型人才是目的、是结果、是要求。实施开放式教育是培养创新人才的有效途径和根本保证。从我国高等教育现状和世界发达国家经验来看，实施开放式教育有利于创新人才培养，创新人才培养需要开放式教育来实现。

（6）民主性原则

民主性原则，是指在教学活动过程中，教师与学生、学生与学生之间应该形成一种民主、平等氛围。这种氛围更有利于教学活动的开展，有利于教学效果的提高。

教师的民主作风是建立良好师生关系的主要因素，也与创新素质的培养息息相关。有些教师不研究教育学、心理学、教学法，不从提高教育教学质量方面努力，而是盲目地追求个人权威。他们在教育教学过程中，不顾自己的要求是否符合教育原则，是否妨碍学生的身心发展，而一味要求学生听从，他们任意奖惩学生，只注意表面的秩序和高分，使学生心理上受到压抑，不敢反映意见，这是很不好的师生关系。在这样的师生关系下，不要说学生的创新素质不可能得到良好的发展，甚至正常的人格也难以养成。有的心理学家进行过调查，学生们公认给人印象最深刻的是有民主作风的教师，教师在教育教学中发扬民主作风，不仅会得到学生的赞许，也会促进学生自觉地学习。

反对专制，但不等于就要抹杀教师的威信。重视教师威信的作用还是非常重要的，有威信的教师，他们的教育教学效果自然就好。学生对那些没有威信的教师持轻蔑的态度和抵触情绪，不愿向他们学习，所以，教育教学效果就自然难以提高。教师威信的形成取决于多种因素，如社会、教育机构、家长对教师的态度，但教师本身具备应有的条件，才是建立威信的决定因素，高尚的道德品质、渊博的专业知识、高超的教学技术是教师获得威信的基本条件。此外，教师的仪表、生活作风和习惯，热爱和关心学生等，对教师获得威信也有一定影响。

（7）实践性原则

我国古代思想家荀子非常重视实践的作用，他在《儒效》中指出："不闻不若闻之，闻之不若见之，见之不若知之，知之不若行之。学至于行而止矣。行之，明也。"意思是，不去听不如去听，去听不如去看，去看不如去了解，去了解不如去实践。学习到了实践就终止了。实践，是明智的事情。在西方，古希腊智者派发表过这样的见解："没有实践的理论和没有理论的实践都没有意义。"

为什么要坚持实践原则？一是因为人类的思维能力产生于实践；二是因为人类的思维能力随实践的发展而提高；三是因为创新成果要在实践中接受检验；四是因为实践教学是巩固理论知识和加深对理论的认识的有效途径。

创新从哲学上说是人的实践行为，是对于物质世界的矛盾再创造，实践才是创新的根本所在。实践性原则是指人们在进行创造性思维的过程中，必须参与实践，必须在实践中促进思维能力的进一步发展，在实践中检验思维成果的正确性。没有实践，思维的发展就失去了动力，就不会有创造性的思维。

对于创新教育而言，坚持实践性原则，就是指教师在教学活动中要引导学生将所学知识运用于实践，使学生学会基本技能，养成分析问题和解决问题的能力，包括手脑并用的操作能力。坚持实践性原则，要做到教、学、做结合，让学生在实践中学习，在实践中创新；坚持实践性原则，就是要坚持理论与实践的有机结合；坚持实践性原则，就要开展丰富多彩的创造性实践活动，让学生自己设计、亲自体验、自我评价，体会创造的乐趣。

7. 创新教育的本质特性

本质特性即反映事物发展规律的稳定的、普遍的特性。教育的本质特性，即贯穿于一切教育之中，从古至今乃至未来，只要教育活动存在就有永久起作用的特性。不管社会发展、时代变迁还是教育自身的逐渐完善，都无法使其有所改变。创新教育的本质特性主要有发展性、相对性、层次性、多元性。

（1）创新教育的发展性

①创新是人类生存发展的需要

创新是人的本质属性，是人类本性和本质力量的最高表现。人与动物的本质区别就在于人能充分利用已有的条件创造出新的产品。因此，从某种意义上来说，人的价值就在于对社会所做创新性贡献的大小。人类的历史是一部创新的历史，没有创新与发明，人类就不可能由猿变成人；没有耕作技术的创新，人类就不可能进入农业经济时代；没有蒸汽机的发明与创新，人类就不可能进入工业经济时代；没有计算机的发明，人类就不可能进入信息时代。因此，创新是人类本质的充分体现。

美国福特汽车公司创始人亨利·福特说："不创新，就灭亡。"这说明在市场竞争激烈、产品生命周期短、技术突飞猛进的今天，创新是企业生存的根本，是发展的动力，是成功的保障。"不创新，就灭亡"这句话对人来说也同样重要，在知识经济时代，一个人不学习，不创新，就要落后，落后就要被社会淘汰，这相当于死亡，因此，创新是人类生存发展的需要。

②创新教育是教育自身发展的需要

西方国家教育理论界并没有创新教育这一提法，但是西方国家在培养创新人才，激发人的创新精神，培养人的创新能力方面做得很好，这其实恰恰证明了创新教育原本就是教育的内在特质。西方国家的教育是自觉地按照教育规律办事，激发人的创新精神，培养人的创新能力是天经地义的事，因此，没有格外再提创新教育的必要。而对于我国的教育实践来说，教育在一定程度上已经偏离了培养人的轨道，甚至异化为升学、考试的工具。在信息时代，探讨创新教育，实际上是使教育回归其本质属性的一种努力。

创新教育是教育的本质属性决定了创新教育的发展性。创新教育的发展性主要表现如下。首先，创新教育是与人的创造本质相一致的教育，它是增长人的智慧，有效地促进人的发展，最大限度地开发人的创造潜能，使人更好地发展的教育。简言之，创新教育是人发展的需要。其次，创新教育是与教育自身的进步和发展相一致的教育。

创新教育的价值取向是它的发展性，即创新教育是一种发展性教育，是持续不断的教育革新，使教育不断完善，向着更高一级不断迈进。

（2）创新教育的相对性和层次性

①创新的相对性

创新是相对于守旧而言的，创新与守旧是一对继承和发展的辩证的概念，没有创新就不存在守旧，没有守旧更谈不上创新。还需指出，旧并不一定代表落后，旧和落后是两个不同的概念，有的事物就是“旧”而不“陈”，“旧”可能是属于经典的“旧”，“新”也不一定代表先进，有的“新”仅仅是表面的繁荣或花样翻新。

例如，某高校学生毕业后，艰苦创业，成功创办一个餐饮企业，为社会做出贡献，实现了人生价值。虽然这样的餐饮企业，社会上已有多家，这好像算不上创新，但对于这个学生而言，企业从无到有，而且创造了价值，这应该是一种相对创新。

由此可见，大多数创新活动都是相对的，创新是一个相对的概念，创新的相对性决定了创新的层次性。例如，国家可将创新分为三个层次：基础性创新、支撑性创新、应用性创新。基础性创新是指文化创新、社会制度创新、重大科学理论创新；支撑性创新是指技术创新、产业创新、组织创新；应用性创新是指产品创新、市场创新、商业模式创新、管理创新等。基础性创新是最根本的，例如就中国的改革开放而言，没有思想观念的转变和社会基本制度的转变，其他的创新都不可能产生。

根据创新的相对性，也可以将学校创新人才培养分为个体级创新、集体级创新、社会级创新三个层次。第一层次是个体级创新，即相对个体自己而言的创新，对于社会而言并无经济社会价值，但对于个体自身而言具有认知价值。第二层次是集体级创新，即相对于班集体而言的创新，它是指个体在解决某一问题时，采用了班级同学以前从未采用过的途径与方法等，但是社会上已经采用过此方法与途径。这个层次的创新对于整个社会而言仍无经济社会价值，但对于个体及集体自身而言具有认知价值。第三层次是社会级创新，即相对整个社会而言的创新，它是指个体解决某一问题时采用了整个社会尚未采用过的途径与方法，而且成效显著，显然，这个层次的创新会产生经济社会价值。

②创新教育的层次性

创新的层次性决定了创新人才需求的层次性。科学的人才观认为，人才具有多样性、层次性和相对性，人人都可以成为具有创新潜质的人。高等教育由“精英教育”转向“大众教育”后，使受高等教育的人数成倍增加，学校为社会培养多层次、多领域的创新人才，是义不容辞的历史使命。人才结构应该是“金字塔”型的，创新型人才也不例外，如图 3-1 所示，底座是技能型创新人才，中间是复合型创新人才，顶尖是精英型创新人才，创新人才的层次性决定了创新教育的层次性。技能型创新人才主要由职业教育培养，复合型创新人才主要由本科教育培养，精英型创新人才主要由研究生教育培养。

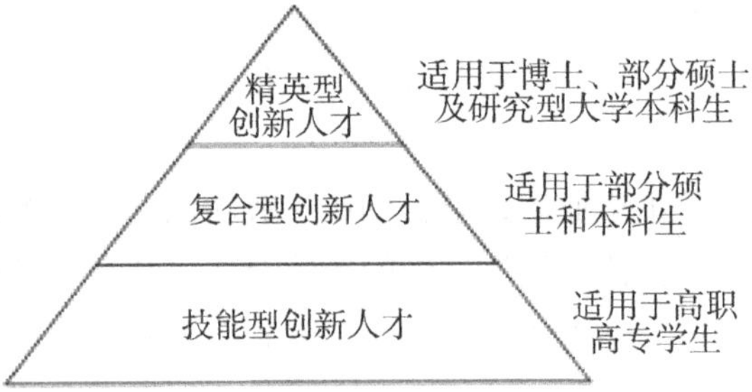

图 3-1　金字塔型的创新人才结构

对于不同年龄段的学生，由于学生的身心发展水平和各方面的知识、经验、能力的不同，创新教育的内容、目标、方法、手段都是有区别的。根据创新的相对性，创新教育的目标可分为培养个体级创新人才、培养集体级创新人才、培养社会级创新人才三个层次。对于义务教育，创新教育目标应以个体级创新人才培养为核心，以集体级创新人才培养为奋斗目标；对于高中阶段教育，创新教育目标应以集体级创新人才培养为核心，以社会级创新人才培养为奋斗目标；对于高等教育，创新教育目标应以社会级创新人才培养为核心，以拔尖（精英）创新人才培养为奋斗目标。

（3）创新教育的多元性

创新是一个使用范围极广的概念，由于观察的视角和维度不同，由于使用的范围和领域不同，因而它具有不同的内容。创新又是一个多义的概念，创新首先同义于创造、发明、革新，创新还有开拓、更新、进取之意。创新的这些特点决定了创新教育的多元性。

①创新教育渠道的多元性

多元性是指事物的发展，到了一个很丰富的境界，有多种渠道、多种方式、多种方法、多种内容等。从创新教育的渠道看，我们可采用不同的渠道实施创新教育，如社会创新教育渠道、学校创新教育渠道、家庭创新教育渠道等，其中学校为主渠道，社会、家庭为辅助渠道。

一是社会创新教育渠道。人是社会中的人，人在社会中如何接受创新教育？毋庸置疑，让人处于一个创新型社会中，是接受创新教育的最好途径。什么是创新型社会？创新型社会应该是创新文化浓厚的社会，是鼓励创新的社会，是人人以创新为荣的社会，是人人都有创新的权利和义务的社会。创新文化浓厚是创新型社会最主要的特征。文化是人创造的，文化又影响着每一个人，文化影响人们的实践活动、认识活动和思维方式。人若处于创新文化十分浓厚的创新社会中，则人民的创造力才能真正被激发出来，中国的科学技术、思想文化才能真正在世界大放异彩。

二是家庭创新教育渠道。人是家庭中的人，人在家庭中如何接受创新教育？我国的家庭教育历来具有浓厚的权威主义色彩，父母不仅是知识的化身，也是真理的化身。在父母看来孩子是不懂事的，孩子天性是逃避学习的，他们的行为是不合成人规范的，父母乐意用强制的态度实施教育。家庭中的创新教育要求家长尊重孩子的意见，在教育过程中充分考虑他们的想法，允许他们表达不同于父母的观点和意见，给予他们自由探索的机会，引导他们打破事物的固有模式，鼓励他们从不同的角度寻找问题的解决办法，提倡标新日异。

②学校创新教育教学的多元性

学校是创新教育的主渠道，这是社会各界的共识。学校创新教育的多元性体现在教育渠道、教育任务、教学内容、教学方法、教育评价等诸多方面。

一是教育渠道多元性。学校应以课堂教学为主渠道进行创新教育，主要是将创新教育渗透到专业知识的传承中。除此之外，学校可以开设专门的创造思维训练课，对学生进行创新教育；可以营造浓厚的校园创新文化氛围，让学生接受潜移默化的创新教育；还可以组织优秀学生开展课外科技竞赛活动，对部分尖子生进行创新教育，以培养拔尖创新人才。

二是教育任务多元性。由于人的创新素质是一种综合性素质，因此，创新教育是一种综合性教育，这决定了创新教育的任务是多元性的。创新教育不但要构建学生创新所需要的知识，还要唤醒学生的创新意识，训练学生的创新思维，塑造学生的创新人格，提升学生的创新能力。创新能力又是多元性的综合性能力，包括学习能力、信息能力、团队能力、实践能力等。

三是教学内容多元性。从创新教育的内容看，我们可开展不同内容的创新教育，例如，经典与前沿结合，理论与实践结合，单一与综合结合，简单与复杂结合，等等。

四是教学方法多元性。创新教育的教学方法是多元的，有启发式教学、探索式教学、问题式教学、讨论式教学、角色扮演式教学、项目教学、头脑风暴法教学、思维导图法教学、案例教学等。

五是教育评价多元性。创新教育的评价是多元的，不仅要评价学生对科学文化知识的掌握程度，还要评价学生的实践操作能力，更要评价学生的创新意识是否增强，创新思维是否活跃，创新人格是否形成，创新能力是否提高。创新教育的评价可采用学生自评、教师评价、社会评价。创新教育成效如何，最终还是由社会来评价，也就是学校培养的毕业生为社会做出了多大的贡献。

（二）创业教育

1. 创业教育的含义

1989 年，“面向 21 世纪教育国际研讨会”在北京召开，会上美国学者柯林博尔提出了三张教育“通行证”的思想。（如下图）

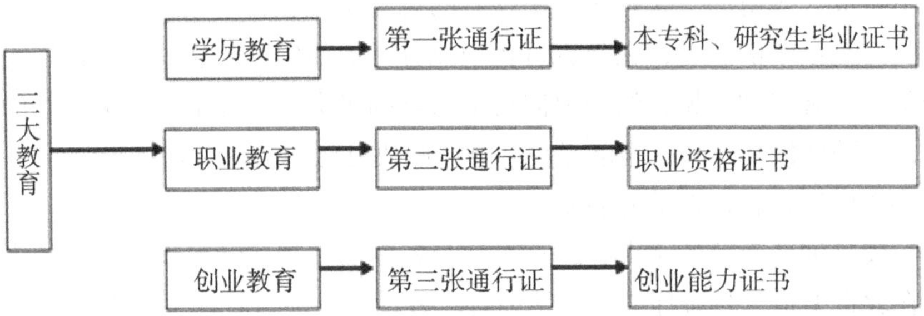

联合国教科文组织认为创业教育有广义与狭义的区别，从广义上讲，指的是培养具有开创性的个人，这对于受雇的人同样重要，因为用人单位或者个人不仅要求受雇者在事业上有所成就，而且越来越注重受雇者的创新精神和冒险精神、独立工作能力、社交能力、管理能力等。狭义上的创业教育则是指在创办企业过程中所需的创业意识、创业精神、创业知识、创业能力和与之相对应的实践活动教育。

然而，在我国，胡晓风等人早在 1988 年就对创业教育进行了系统的阐述，指出创业教育是一种在人生经历中将创造和职业相结合的教育；其宗旨是规划合理的人生，将生活力、劳动力和创造力这三个方面作为需要培养的基本能力。

学术界对创业教育也做了广义与狭义之分：广义上认为创业教育实质上是一种素质教育，以培养具有开创性精神的人为目的；狭义上认为创业教育是一种以培养学生从事商业活动为目的，使学生从谋职者向职业岗位创造者转变的教育。笔者认为，创业教育是指一种以培养学生的创业意识，提升其在创业实践活动中的能力等为目的的教育活动，从而使他们成为具有开创性的人才。

众所周知，有创业能力的人首先应当是一个创新者，同时还要兼具企业家、管理者等角色所具备的综合素质和能力。创业教育要以培养学生的创新意识、创新思维以及创新人格为目的，并在此基础上传授给学生必要的创业知识和技能。因此，创新教育以创业教育为基础，而创业教育则是创新教育的载体和表现形式，创新教育是否扎实在很大程度上关系到创业教育的成败。创新教育注重对学生的整体把握，侧重于开发创新思维，创业教育则以学生自我价值的实现为侧重点，注重对实践能力的培养。二者相辅相成，相互促进，密不可分。

2. 创业教育的内容与特征

创业教育的内容必须有利于实现创业教育的目标，教育目标是教育内容与教育方法的基础，明确创业教育目标，才能更好地探索教育内容，并采取科学的教学方法来实现目标。马克思在分析人的自觉活动同动物的本能活动的区别时指出，“劳动过程结束时得到的结果，在这个过程开始时就已经在劳动者的表象中存在着，即已经观念地存在着。他不仅使自然物发生形式变化，同时他还在自然物中实现自己的目的，这个目的是他所知道的，是作为规律决定着他的活动的方式和方法的，他必须使他的意志服从这个目的”。这揭示了人的活动的目的性决定了人的活动是自觉的活动。作为实践性教育内容之一，大学生创业教育的内容包括创业意识、创业心理品质、创业能力、创业精神、理论知识等。

意识是人类特有的高级形式，创业意识是创业实践中的个性意识倾向，包括供给、信念、需求等。目前我国绝大多数高校在培养学生时并没有重视创业意识教育，缺乏针对性，绝大多数学生毕业后需要依靠家庭等实现就业，因此这方面还需要改进。

创业心理品质是指创业实践中协调人心理和行为的意识特征，与人固有的性格存在紧密联系，包括创业者的独立性、坚韧性、适应性等因素，拥有良好的心理品质是创业成功的必要条件。创业心理品质教育可以提高大学生独立思考的能力。

创业能力就是一种与创业者个性心理特征紧密结合、影响创业实践活动效果的技能和能力的综合，是创业者创业成功的最基本的素质组成部分，主要包括沟通能力、学习能力、情绪控制能力等。

创业精神是大学生创业者需要具备的心理素质，是创业教育的重要内容之一。大学生创业者需要积极培养自身的进取精神、奋斗精神等。创业充满艰辛，要求创业者做好面对挫折的准备，善于预防风险，将风险降到最低，并抓住市场机会，及时行动。

大学生创业想要取得成功，不仅要具有勇于创新的精神，还要具有足够的创业知识，这包括从事创业活动的理论基础和指导理念，减少创业风险性和盲目性，提高成功率。

创业教育具有时代性、创造性和实践性等特征。当代社会是知识经济时代，更加具有开放性、竞争性和创新性。对于创业教育来说，教育价值取向方面的时代性比较突出，应把知识时代的教育理念有效地体现出来。创业教育的主要目标是培养具有创业素质的人才，要求人才具有鲜明的个性和创造力、开拓能力等。创业教育要遵循创业活动实践性，强调提高学生的时间管理能力，培养学生的社会协调能力。

创业教育内容具有综合性。创业教育从内容角度分析，属于一种综合体系，同时包括了专业知识教育和素质教育。创业教育要优化各类教育资源，有机结合经济学、心理学、法学以及社会学等学科，形成统一的综合体系。

3. 创业教育的组织与实施

创业教育是培养大学生创新素质的素质教育，是一种健全人格的主体性教育。培养创新精神，是高校义不容辞的责任，要将创业教育贯穿到学校人才培养的各个环节。

创业教育理念决定着创业教育的方向，因此，高校应更新创新教育理念。真正意义上的创业教育，应着眼于创业，以未来的持续发展为价值取向。也就是说，高校的创业教育要着眼于整个民族的创新精神与创业意识的培养，改变把创业结果作为评价创业教育成功与否的标准的思想，不要仅限于为大学生提供开办企业的培训与指导，而应把开展创业教育的目标定位为培育全社会的创业文化、深化教育改革、全面推进素质教育，为创新型国家建设培养创新型人才。基于这种育人的目标定位，高校要树立知识、能力、态度、品德协调发展的理念；树立学生是教学主体和学生主动学习的理念；树立鼓励学生勇于和善于提问题的理念；树立充分发挥学生个性，让学生学会选择的理念；树立学习与研究相结合的理念。现代高校必须把创业教育理解为一种深层的根本性的教育体制，而不是枝节性的表层的教育环节。

当前创业教育正逐渐从传统的功利性职业训练教学目标过渡到非功利性的教育本能，这也表明，开展创业教育要循序渐进，切不可急功近利。虽然并不是每一个大学生都能走上创业之路，但是知识经济社会要求每一个大学生都需要具有创新精神和创业意识。同时，大学生创业教育的实施与国家的政策支持紧密联系，因此在实施创业教育的过程中，需要国家加大相关立法和管理控制力度，落实各相关政策，为大学生创业提供更加具有优势的政策支持和帮扶，积极引导大学生创业。各地政府部门应重视大学生创业，为创业教育提供咨询和培训服务，落实相关政策，有效开展大学生创业教育；建立社会培训教育机构，帮助学生正确认识创业，有针对性地建立更加完善的制度，营造良好的环境，为教育提供有力保障。

全面进行校内外各种资源的拓展和整合，建立创业实践基地。进行就业教育要组织相关意识性培养教育，引导相关的社会实践，依托社会开展各级创业实践活动，推动大学生创业活动的开展。充分利用高校内部科研成果，重点筛选有利于区域经济发展的项目。高校是培育学生的主要载体之一，各大高校在落实相关教育培训措施的基础上，需要做好师资队伍建设工作，应组建高素质、多元化创业教师队伍，在已有师资力量基础上，探索创新人才培养机制，鼓励开展创业教育创新试点工作，有机结合创业教育和传统课堂教育。高校还要对相关教师开展培训工作，并开设大学生创业讲座，邀请一些成功人士进行讲解，为创业教育创造前期条件。目前大多数高校没有相关创业教育课程，针对创业的特点和特殊性，建议各高校将大学生创业纳入课程范围内，开设选修课，为有需要的大学生提供创业相关知识。高校应设置相关服务中心，为有创业意向的学生提供更加直接和具体的服务，包括为学生提供相关信息，解答大学生创业出现的问题等。

为得到社会的关注，促进大学生创业教育更好的发展，需要建立成果考核机制并做好社会宣传教育工作。建立评价考核体系，确定创业教育的考评组织和相关责任人，做好创业教育体系评价的设计，定期评价创业教育和实践成果，促进创业教育良好发展。建设创业教育专题网站，营造创业教育良好氛围，为大学生创业提供指导意见和建议。

4. 开展创业教育的意义

创业教育能够提高大学生的竞争力和创业素质，保证大学生能够以更加积极的心态创业，从而具有较强的从业能力，保持自身优势。创业教育还能促进大学生选择新行业创业，解决个人的就业问题。

从经济学角度来看，创业教育能够充分挖掘大学生的创业潜力。进入 21 世纪以来，社会快速发展，我国要想在 21 世纪中叶达到中等发达国家水平，就必须充分利用国家优势，协调发展经济工业化和知识化，快速发展知识经济，提高经济发展水平。我国未来将会迫切需要更多的创业型人才，大学生是其中主要的人力资源，他们是高等教育的接受者，掌握着最高级的知识，也就具有最有价值的资本。对大学生开展创业教育，有助于充分挖掘其潜力，这也是经济时代发展的必然趋势。

从人才培养角度来看，创业教育能够推动人才培养模式的完善。自经济体制改革以来，我国高等教育也在不断地完善，但是不可否认，当前高等教育滞后于市场发展需求，大学生对国家和社会依赖性过高，主动性不强，创新能力不足。社会进入知识经济时代，人才规格却明显跟不上时代的发展。高等教育有必要转变传统教育理念，创新人才培养模式，通过开展创业教育提高大学生的创业基本素质，提高大学生的竞争力和创业能力。

从高等教育发展的角度来看，创业教育对推动高等教育发展有重要意义。高等教育大众化是未来发展趋势，也是提高国民素质水平的主要途径之一。近些年高校扩招，高等教育入学率大大提高，但是同时也带来很多就业问题，就业形势非常严峻，大学生毕业即失业已经成为现实问题。推进创业教育，帮助大学生创业，既能缓解就业难问题，同时也能增加就业岗位，推动高等教育大众化发展。

二、创新创业教育

（一）创业教育与创新教育的关系

关于创新创业的含义前文已经论述过：创新教育是以培养大学生创新精神和提高其创新能力为终极目标的新式教育，它强调的是人的全面发展。创业教育是培养大学生自主创业意识和增强其创业能力的教育活动，它强调的是对创业主体进行创业基础知识的传授。纵使创新教育与创业教育无论是从内容还是体系上都有些许相似之处，但这并不代表二者是相互替代抑或相互等同的关系。

1. 创业教育与创新教育内容相通、目标一致、功能相同

总体上看，创业教育和创新教育的主要内容是相互贯通的，二者相辅相成。创新的基础是创业，自然而然地可以说检验创新水平的标准是创业实践的成功与否；反过来讲，创业又是创新的物质载体及其集中表现形式，能否创业成功的关键是能否具有良好的实施效果。二者既相互促进又彼此制约，辩证统一。创新教育重新定位教育的功能，而非仅仅变革教育方法及其内容，是一场全局性和根本性的教育改革。21 世纪对高等教育提出新的要求：高校要培养出具有创业能力、创业素质的高质量人才。因为只有这样的人才能适应进程逐渐加快的信息经济时代，才能紧跟知识与经济越来越紧密结合的社会发展趋势。

2. 创业教育是创新教育的深入

创业在某种程度上又是另一种创新，创业的过程中往往伴随着创新，因为创新是创业的基础。一个社会主体要想进行创业，他就必须具有扎实的基础创业知识和敢于突破思维定式的创新精神、冒险精神，最重要的是要拥有良好的组织管理能力。由此可知，一个创业者应该是一个具有综合能力的人，只有这样他才能担起管理者和企业家等众多角色。因此，创业教育必然是创新教育的深入抑或是具体化，它应当也完全可以从各方面渗透到创新教育中。

总之，创新教育与创业教育是相互促进而又彼此制约的关系，是密不可分的辩证统一体。高校开展的创业教育，实际上是对学生进行创新教育的一个有机组成部分。

（二）创新创业教育的含义

随着研究的日益深化，逐渐出现将创新教育与创业教育整合为一个统一体的趋势，“创新创业教育”这一新概念也随之被提出。学术界目前对这一概念的理解有两类：一类认为它等同于创新教育或创业教育；另一类则认为它是创新教育与创业教育的结合。国内较早从理论层面上对“创新创业教育”内涵进行界定的应该是学者曹胜利、雷家骕，他们曾在《中国大学创新创业教育发展报告》中提出“创新创业教育”。他们认为，广义上创新创业教育是指一种有关创造新的伟大事业的教育实践活动；狭义上是指一种有关创造新的职业工作岗位的教学实践活动，以真正帮助大学生实现自主选择职业、灵活就业或自主创业为目标。学者张贞齐、翟西宝认为创新创业教育以培养受教育者的基本素质为目标，以在校学生、有创业意向或正在创业且需要补充知识的社会群体为施教对象，并注重培养他们的创新精神和创业能力。

政府层面最早在2001年提出“创新创业教育”的概念，理论界随之也对创新创业教育概念做了深入的研究，到2010年，教育部颁行第一个推进创新创业教育的全局性文件《关于大力推进高等学校创新创业教育和大学生自主创业工作的意见》，并将创新创业教育定义为：“适应经济社会和国家发展战略需要而产生的一种教学理念与模式”。

综上，笔者认为创新创业教育是指在创新创业理念的指导下，面向全体学生，以培养学生的创新精神、创新意识和创业能力为核心，促使学生形成开创性的个性，以提高学生的实践能力为重点的教育。

（三）创新创业教育的特点

创新创业教育总体上更着重增强高校大学生的创新创业意识，更强调培养大学生的创新精神，从而使得高校大学生能够积极主动地创建自己的事业，而不再仅仅是等待别人的选择，为他人打工。换句话说，就是实现了自身从被动地位到主动地位的角色转换。创新创业教育与传统教育模式虽有相同之处，但是二者还是存在差别的，创新创业教育有自身的独特之处：

1. 主体性

主体性是人的本质特征，人的创新内在潜质、创业动机存在于人的主体性中，创新创业教育教学的重点在于对受教育者个人潜能的挖掘和综合素质的培养，把学生培养成为社会实践活动的能动的主体。它通过对学生个人素质的评估，使学生比较客观、全面地了解自己的职业发展方向，在创业中确立自己的地位。因此，创新创业教育尊重学生的人格和学习的主体地位，最大限度地激发学生的积极性、能动性、主动性和创造性，发挥学生学习知识的主体作用，培养学生对知识以及问题主动思考的质疑态度和批判精神，并运用所学的知识解决实际问题，使学生了解和掌握创新创业的规律和特点，以及创新创业主体所应具备的基本素质。

2. 超前性

尽管创新创业教育的着眼点是使受教育者更好地适应社会，但它所瞄准的是未来的趋势和需要，使受教育者对未来社会发展和职业发展所需要的心理品质和技能做好充分的准备，提高学生适应社会变化和职业变化的能力。这使创新创业教育在一定层次上能够超前于社会发展的现实，合理地展示理想与未来，从而使受教育者能够保持一种乐观、积极向上的精神状态。

3. 系统性

要使大学生毕业后不仅成为适应现代社会的高素质的公民，而且成为推动生产力发展的创业者，就必须强调创新创业教育是一种系统工程。它的教育过程是通过各种可利用的教育方式来培养创业者的创新创业意识、创新创业思维、创新创业技能等各种创新创业综合素质，并最终使被教育者具有一定的创新创业能力。它的实施不仅需要高校内部各个部门的通力协调与合作，而且需要高校外部如政府、企业、家庭等社会各界的理解与支持。

4. 实践性

创新创业实践是创新创业教育的重要延伸，创新创业教育相对于其他教育而言，十分强调对学生动手与动脑能力、社会行动能力的培养，强调让学生在实践中学会生存，学会处事，从而更好地适应和融入社会。社会实践活动是创新创业教育的一个重要环节，通过社会实践，丰富学生的创新创业知识和体验，提升学生的创业能力，使其能正确地面对社会现实，并根据社会需要提升自己的素质。创新创业教育的实践性表现在教学上，主要包括两个方面：一方面，教师的“教”要来源于生产一线的实际经验；另一方面，学生的“学”也能直接运用于实践，在实践中检验学习的效果。

（四）创新创业教育的功能

教育理念势必作用于教育实践，创新创业教育的实施会对社会发展、教育发展和人的发展产生深远的影响。即通过创新创业型人才的培养，促进社会进步与发展，促进教育改革与发展，促进人的自由而全面的发展。

1. 社会发展功能

创新创业教育作为一种教育活动，对社会的发展起着重要作用。一方面，创新创业教育可以提高潜在的劳动者的劳动技能水平，使学生为就业和创业做好准备，缩短毕业和就业的空窗期。目前，大学毕业生面临的一大问题是动手能力差，对新工作、新环境的适应能力差，这也是用人单位头疼的一个问题。实施创新创业教育，可以缓解严峻的高校毕业生就业压力，提高就业率，这对社会稳定、国家发展具有重大意义。另一方面，实施创新创业教育可以促进科技创新，提高国家的自主创新能力。高校是培育高素质人才的摇篮，是实现科技创新的密集地。在中国创新创业活动处于活跃状态的情况下，高校创新创业教育注重学生在高新技术领域的创新和创业，并为学生的创新创业活动提供资金、人力支持，使学生将科技创新转化为现实的生产力，提高国家的自主创新能力。创新创业教育有利于毕业生的就业和社会经济的发展，使学生在具备创新精神、创业意识与创业能力的同时，不仅成为一个知识的拥有者和社会财富的创造者，而且成为一个具有开创性的社会发展的推动者，形成经济增长与就业增长的良性互动。

2. 教育发展功能

作为一种教育理念，创新创业教育对中国的教育体制会产生深层次、根本性的影响，对高等教育的持续、健康发展起着重要作用。高等教育如何克服传统教育理念的局限性，培养出具有创新精神、创业意识和国际竞争力的创新创业型人才，实施创新创业教育是必然选择。高校创新创业教育要通过确立与专业教育相适应的人才培养模式，即宽口径、厚基础、综合化，逐步实现以通识教育为基础的专业教育，使学生的知识、能力与素质全面发展，科学精神与人文素养有机融合；通过改革现有的专业课程体系，即加强基础课、扩大选修课比例、促进课程结构的综合化，使学生的知识结构得到优化，从而实现知识与技能、过程与方法、情感态度与价值观的有机统一；通过教学内容、教学方法与评价方式的创新，加强教学内容的系统性、前沿性和应用性，增加教育方法的启发性与参与性，使学生的主体性和内在性得到增强；通过教学管理体制的改革，如实行选课制、学分制，使学生的个性和开创性得到发挥。

3. 人的发展功能

高校大力开展创新创业教育，有助于大学生树立创立事业、成就事业、服务于社会主义现代化建设的人生观和价值观；有助于增强大学生服务国家和人民的社会责任感，提高善于解决问题的实践能力；有助于激发大学生的学习兴趣和创业热情；有助于促进大学生自由全面的发展和综合素质的提高。这里所说的人的自由全面的发展，一是指人的智慧和性格得到全面合理的发展，二是指人的个性和才能得到自由而自主的发展。高校创新创业教育要坚持以人为本，高扬人的主体性和自由个性，使大学生不再仅仅是求职者，而首先成为工作岗位的创造者。高校创新创业教育帮助大学生规划自己的职业生涯，尤其是大学阶段的奋斗目标，在学会处理与他人、与集体、与社会的关系中，完善自身的人格，在未来职业劳动中，逐步适应社会。高校创新创业教育要注重开发潜能，培养大学生具有创新性的思维方式，提高其创造力、学习力、适应力、竞争力，在实践中获得新的知识和能力。综上所述，大学生在创业教育和创业实践环境中，既能培养健全人格，又能发展知识和能力，从而获得全面发展。

第二节　高校创新创业教育的相关理论

一、教育管理理论

所谓教育管理理论，是教育管理者以实现培养人才为目标而进行的一系列管理活动，管理的对象是所管辖区域内的各级各类教育组织，且必须在国家教育方针政策的指导下，并按照一定的教育规律和管理学原理的要求，采用科学有效的方法将教育资源中的人力、物力、财力、信息等进行科学合理的组合，使其高效运作，有利于协调好教育组织之间及每一个教育组织中人与人、人与物、教与学间的关系，从而实现教育的目标。

高校创新创业教育作为一项系统工程，在开展的过程中不能只靠高校自身闭门造车，还需要政府的政策扶持和社会资源的支持，因此，在这一过程中就需要对这些资源进行科学合理的整合，使其有效运转，在创新创业教育过程中发挥最大效用，这与教育管理理论的理念相契合。

二、创造力理论和三螺旋理论

（一）创造力理论

创造力是人类特有的一种能力，是一种能够发现新思想和新事物的能力，是一个人的心理品质或者复杂的心理活动，个体在此基础上才能完成某种创造性活动。比如，发明新方法、新技术、新设备等都是创造力的集中表现。独特性和新颖性是创造力区别于其他能力的显著特征。除此之外，创造力的判断标准还在于是否具有社会价值、个人价值。学术界普遍认为创造力是创造性思维的产物，是一种由智力、个人品质和知识等因素组成的综合性本领，由此可知创造力主要由以下几个方面构成。

第一，知识。创造力的基础就是知识，任何创造都是以知识作为基础和前提的，没有知识就没有创造。换句话说就是只有在充足的知识基础上才能提出创造性方法。

第二，智力。智力的核心是创造性思维能力。人们一般所说的智力通常是一般性的精神能力，即一种人在认识和理解客观存在的事物的基础上运用所学知识和经验去解决问题的能力。它包括理解、判断和解决问题以及表达和学习的能力。

第三，品质。品质包括意志、情操等方面的内容。品质是指一个人在道德情操以及意志力等方面的素质，它是个体在特定的条件下借助社会实践活动体现出的素质。是否具有较好的个人品质是能否成功创造的关键点，良好的个人品质，如顽强的意志力和进取心有助于个体充分发挥自身优势，成功地进行创造。

综上所述，创造力的主要构成因素是智力、知识以及个人品质，三者共同决定了一个人创造力水平的高低。而当前高校大学生的创业教育课程主要是以创造力为基础开展的，创造力理论则为高校大学生创业教育课程的开展及改革提供了理论依据。

（二）三螺旋理论

20 世纪 90 年代后，国外许多学者都对政府和高校以及企业的协同合作进行了“建模分析”，他们尝试研究出一种新型的创造性的理论。三螺旋理论最早是由英国学者劳伊特·雷德斯多夫和美国学者亨利·埃兹科维茨于 20 世纪 40 年代提出来的。该理论强调的是政府和高校、企业三者之间的共同协作与配合。通过分析不难发现，在“三螺旋理论”模型中，政府以及高校、企业三者之间的关系越发密切，更重要的是它们之间是相互促进、共同发展的关系。首先，高校对企业和政府有积极的反向作用。比如，一方面高校可以通过政府与企业找到自身发展的方向，探索整个社会的发展动力，从而更好地规划自身的教学计划。另一方面高校自身的科研成就也能通过某种市场化方式使得政府和企业共享收益，这样一来就保证了高校、政府、企业三者之间的良性互动和发展。其次，从企业角度出发，企业的发展同样对高校和社会有积极的反向作用。通常，企业的健康发展往往需要高校现有的科研成果的支持，而高校大量的科研项目刚好满足了企业在这方面的需求。一方面，企业可以通过利用自身的优势，如良好的经营管理能力和强大的营销推广能力等，将那些由高校提供的比较具有价值的科研成果市场化，来获取经济收益，从而最大程度上实现利益最大化。另一方面，企业利益最大化时还可以反过来支持高校科研人员的工作，给他们提供资金或资源方面的帮助，从而更好地协助高校研究学者攻破技术难题，这将在很大程度上对国家高新技术的发展起到良好的推动作用。而政府作为国家行政机关，整体上扮演了一种宏观调控的角色，因此作为中间第三方来支持企业与高校的协同发展并合理解决企业和高校之间存在的社会性问题，如二者因各自性质不同而产生的摩擦，并出台一些恰当的与之联系的发展政策。从各个方面为高校和企业间的良性互动与合作扫清障碍是政府不可推卸的责任。综上所述，政府与企业和高校之间是不可分割的利益共同体，简单来说就是一种互惠互利的关系：高校通过开设有关创新创业的教育课程提高高校大学生的创新创业基本素质；企业则是从资金、设备等方面支持高校大学生去自主创业；政府作为第三方起着平衡企业和高校的中介作用，制定恰当的创业发展优惠支持政策，促进高校和企业间的合作。这三个主体都充分利用各自优势来相互协作，形成一个上升的新型螺旋体。

三、主体教育理论

所谓主体教育理论，重点研究的是教育活动主体，研究作为教育活动主体的学生的主体性，目的是使学生在教育中能够得到全面、自由的发展，这与创新创业教育的教育理念相吻合。

主体教育理论在价值观的角度上强调的是人类本身，这也是教育的最高价值的体现，同时也体现了教育的出发点是学生，因此要把学生放在主要的位置上。创新创业教育是以学生的全面发展为目的的。笔者主要基于学生这一教育主体以及教育的承受者与施教主体即学校和教师之间的关系来分析高校创新创业教育，并以此展现出创新创业教育中存在的问题，通过解决这些问题为广大学生提供更佳的创新创业教育。

四、协同创新理论和“2011”计划

（一）协同创新理论

“创新”最早是由熊彼特提出来的，他主要是从经济学的角度来定义“创新”的，认为“创新”是一个经济而非技术范畴，是对新产品或新过程的一种商业化，就是将一种全新的有关生产要素与条件的组合用于生产体系，从而建立一个新的生产函数。它不只是科学技术上的发明，更多的是将业已存在的科技应用到企业中，形成一种全新的以营利为目的的生产能力。与之前相比，它的功能得到了明显的增强，更关键的是它能够在整个的创新过程中取得超额的经济利益和社会价值，同时还能够不断地促进科学技术和生产资料的革新。这就是所谓的协同创新。具体来讲，协同创新就是一种以知识增值为核心的创新机制，是组织内部形成的一种关于技术、知识、能力等方面的分享机制，是为了最大程度上取得重大科技成果创新而由政府、企业和高校等主体建立起来的大跨度整合的创新组织模式。其通过对创新要素和资源进行集中整合，从而打破各个创新主体间的隔阂，并实现彼此间关于信息、资本、人才、技术等方面的深入合作。在协同创新的机制下，每个相对独立的创新主体拥有共同的奋斗目标，通过多种方式进行沟通协作，并依靠“现代化信息技术”去搭建一个资源共享的平台。

协同创新从整体上来讲是一项比较复杂的创新组织模式。它的关键在于构建恰当的机制，形成一种多元主体参与的协同创新、良性互动的创新模式。在这种创新模式下，高校和企业组织以及研究机构是核心要素，政府和金融机构以及中介组织等“实践平台”或者说非营利性组织是辅助要素，这些“知识创造主体”和“技术创新主体”纵向合作并对资源进行某种整合，一种“系统叠加”的非线性效用就会随之出现。发展协同创新就要大力发展科学技术，不断提出创新办法和思路，建立一个分工明确、权责明确的实践平台，不断推动科技创新，从而不断增强综合竞争力，在创新实践中不断取得“新技术”“新知识”以及“新工艺”等方面的科研成绩。总体上，协同创新理论的主要特点有两个。一是整体性。协同创新强调充分发挥每个创新要素的综合效应，从而实现创新资源的优化配置，由此可知它需要的并不是各要素的简单相加，而是各要素之间的紧密结合。此外，协同创新的目标及功能均体现了“统一的整体性”。二是动态性。

协同创新从整体上来讲是一个比较复杂的创新组织模式，而这个模式要求形成一种多元主体参与的协同创新、良性互动的创新模式，需要“知识创造主体”和“技术创新主体”双方彼此深入合作，进行资源整合。这个过程必然是动态的，是不断变化的。

（二）“2011 计划”

所谓的“2011 计划”是“高等学校创新能力提升计划”的简称，这个周期为四年的计划于 2012 年正式启动实施，以构建协同创新模式，推动我国高校与政府以及企业的合作，营造一种协同创新的氛围为目标去建立一批“2011 协同创新中心”。此外，“2011 计划”还要求国内各高校将“国家急需、世界一流”作为终极发展目标；争取以协同创新来引领当今知识经济新时代的方向，从而提升高校的整体创新能力；让高校能够处在国内教育事业发展的战略高度努力提升自身“科技、人才与课程”三位一体的创新能力。总而言之，“2011 计划”是一种面向学科前沿、社会发展的创新模式，有助于提高高校毕业生的创新创业能力和培养高质量的创新创业人才。

五、创新理论和“创新人”假设

（一）创新理论

所谓创新是主体在已有知识基础上，不局限于某一固定思维模式，从而发现新事物的过程。而创新理论则最早是由经济学家熊彼特在20世纪初提出来的。他主要是从经济学的角度来定义“创新”，认为“创新”是一个经济而非技术范畴，是一种企业和管理者的经济活动，是一个内生变量，是一切经济发展的源泉，是对新产品或新过程的一种商业化，就是将一种全新的有关生产要素与条件的组合用于生产体系，从而建立一个新的生产函数。这个新的生产函数不只是科技上的发明，更多的是将业已存在的科技应用到企业中，形成一种全新的以营利为目的生产能力。它将会变革组织的生产技术，更快地提高生产力水平，从而能够最大程度上实现企业的终极目标——利润最大化。此外，熊彼特所理解的创新主要有三方面的内容，即基本含义、创新与管理者的关系、创新与创造的异同。他所认为的属经济范畴的创新有以下几种情况：一是创造新产品；二是采用新生产方法；三是开辟新市场；四是取得新供给来源；五是实现新组织方式。不同于熊彼特的创新理论，马克思认为创新涉及社会的各个领域、各个方面，它不再只是管理者或是企业家的特权，社会中的每个人都有权利去创新。

他多次强调创新既是一个国家兴旺发达的不竭动力，又对于整个社会的发展尤其是经济发展极其重要，影响重大。

（二）“创新人”假设

“创新人”假设是德鲁克于20世纪90年代提出来的一种关于人性假设的全新的理论。德鲁克认为，提高企业的整体创新水平和成员的创新能力是一个现代管理者变革成为领导者的关键。创新人假设的主要内容有以下几点。第一，马斯洛需求层次理论表明，人的需求层次是不断上升的，是一个由低层次逐渐向高层次递进的升华过程，自我实现是人的最高需求层次，这里的自我实现便是实现自我创新、自我突破。第二，知识经济时代的到来要求人们不断实现创新来提高自我的创新能力，从而更好地在事业上做出成绩，更快地适应当今社会的快速发展。自我激励、自我控制是个体实现持续创新最根本的途径。从企业角度出发，营造一种积极、平等、自由而又民主的氛围，使得成员在这样的氛围中能够更好地实现自我创新是一个企业可持续发展的关键。管理者应该采取多种激励方法和手段鼓励员工在保持个人目标与组织目标一致的前提下，最大程度上实现自我创新和自我价值，从而能够更好地完成企业目标，实现组织利益最大化。总而言之，“创新人”假设强调的是个体自身具有的追求创新和变革的内在需求，为高校培养创新创业人才提供了强大的动力。

六、个性化教育理论和人的全面发展理论

（一）个性化教育理论

当今社会是一个崇尚尊重、注重发展个性的新社会，个性化教育是新时代下的产物，顺应时代发展的潮流，已经成为当前知识经济时代背景下世界教育改革的主要趋势，引发了世界范围内的教育改革思潮。世界上大多数的国家都认为个性化教育是一个国家教育迈向现代化的重大标志，引领当今教育领域改革的方向，而个性化教育理论主要强调的是教育主体的差异化以及个性化。所谓差异化和个性化就是指每个人都会因为自身生理或心理因素，如遗传特征、生活环境、教育环境等而存在差异。个性化教育最大的特点就是它承认受教育者在各个方面存在差异，这种差异集中体现在个体在心理、生理以及社会背景等各个方面存在差异。在此基础上，个性化教育理论会根据这种差异为个体制定特定的发展方案，让个体能够更快地适应新的有针对性的教育模式，进而促进个体的全面发展。总之，个性化教育理论就是在承认个体存在差异的前提下，既能有教无类，也能因材施教，从而使每个个体的个性充分发展，继而都能得

到全面发展。要想更快地适应信息经济时代的要求，就要依托个性化教育理论，立足现实情况，以个体个性为出发点，有针对性地设计适合个体的发展方案，具体包括教育的模式、内容、目标等。

（二）人的全面发展理论

马克思曾提出人的全面发展理论，并指出促使一个人全面发展的途径是将教育与生产劳动相结合。人的全面发展取决于智力及体力的充分且自由的发展，以及在生产中自由全面地发挥各方面的才能。每个个体选择职业应该取决于自己的兴趣自由，并从事创造性的工作，而不至于永久局限于某一职业，从而使人能够彻底解放自身的个性，并实现个人的独创和自由发展。

高校的创新创业教育作为教育与生产劳动相结合的典型代表，其目标是培养学生的创新精神、创新意识和创业能力，进而推进大学生综合素质和能力的提高，促进大学生的自由且全面的发展。创新创业教育作为当下我国高等教育培养人才的重要组成部分，与人的全面发展理论有着相同的精神内核和价值追求，二者高度吻合。从理论上讲，人的全面发展理论对于高校创新创业教育具有极其重要的指导意义，是创新创业教育的理论基础，同时也是高校开展创新创业教育的行动指南。

事实上，“个性化教育”和“全面发展”这两种教育理论是相辅相成的关系：二者既有相通之处，又有各自的独特之处。比如个性化教育理论主要强调的是个体个性的发展，从这方面讲它是全面发展教育理论的一个方面，是一种更精细化、更高层次的全面发展表现形式；而人的全面发展理论则是更注重个体全面的整体的全方位的发展。二者之间并不是相互排斥的关系，而是共性与个性、你中有我我中有你的渗透或结合的关系。只有将“个性化教育”和“全面发展”紧密结合起来，个体的个性发展和全面发展的实现才有可能。而创新创业教育就是强调在个体的全面可持续发展的基础上进一步地实现个体个性化发展。换句话讲，就是在了解个体发展规律的前提下促进学生个体在德、智、体、美、劳等方面的全面发展，实现共性与个性的均衡发展。

总之，马克思主义关于人的全面发展的理论总体上为高校学生的全面发展奠定了理论基础。创新创业教育就是在这样的理论基础上形成的，是反映当今“知识信息时代”特征的一种全新的教育理念和教育模式，从而成为指导我国当前高校教育改革实践的理论依据。

七、创新心理学理论

可以说，人类的文明史实际上是一部灿烂的创新史，诚如高尔基所言："生活的意义在于创造，而创造是独立存在的，没止境的"。当代大学生的创新能力通常是通过进行创新活动、产生创新作品体现出来的，所以根据作品来判断大学生是否具有创新能力是合理的。一方面，作品看得见、摸得着，易于把握；另一方面，大学生的心理过程、个性特征是较难把握的。创新感情和创新意志是开展创新创业活动的重要条件，因此需要了解创新心理学理论。

（一）创新感情

创新感情是人们在创新过程中的一种情感体验，是在人基本感情（如激情热情、心境）和高级社会感情（如道德感、理智感、美感）的基础上发展的促进创新活动的感情活动。创新感情具有以下特征。

1. 倾向性

创新是推动社会前进的动力，创新活动是人类最高级的社会活动。任何创新都有其不可磨灭的价值，它不仅代表着创新者个人的成功，也意味着创新者对社会的贡献。创新者总是有明确的指向，有明显的倾向性情感，将精力放到创新事业上，不达目的誓不罢休。

2. 专注性

专注性是指创新者在创新过程中对目标的执着追求，其一旦投入进去，就会乐此不疲。除了工作，其他的任何事物都不能让创新者分神。这种全心全意的专注心理状态是实现创新的重要保证。

3. 稳固性

稳固性是指创新者的创新是经过深思熟虑后的"攻坚行为"，而不是刹那间的心血来潮。创新者的攻坚目标一旦确立，就不会轻易因为挫折而放弃。这种确定目标后决不动摇的心理，有利于创新者开拓新局面。

4. 复杂性

复杂性是指创新者在创新的过程中，感情世界中充满了各种各样的感受，既有对问题百思不解时的焦虑，也有灵感而至时的惊喜，既有久攻不克时的烦恼，也有创新成功时的喜悦。

5. 高效性

高效性是指在创新者的不懈努力下，其可以在短时间内攻克某个曾经思考很久的问题，并给社会带来新的效益。当然，这种高效性是用创新者的生命之火点燃的，创新者的热情越高，这种高效性也就越强。

（二）创新意志

意志是人们为了达到既定目的而自觉努力的心理状态，是人们主观能动性的突出表现。意志在对人们行动的调节和控制方面，具有发动和制止的双重作用。前者能促进人们的某些行动以达到预定目标，后者则制止人们的某些行动以避免偏离预定目标。意志不仅能调节人们的外部行动，而且能调节人们的心理状态。创新意志是作用于创新创业活动的意志，即创新者克服一切困难，实现创新目标的心理过程。创新意志具有以下几点特征。

1. 自觉性

自觉性是指创新者对创新活动的目的有深刻明确的认识，自觉地充分发挥主观能动性，保持高度的创新热情和积极进取的状态，将创新活动看得高于一切，不达目的决不罢休。

2. 果断性

所谓果断性，是指创新者具有明辨是非的能力，能够及时、迅速地对事情做出判断，采取果断的行动。在创新的过程中，创新者不会瞻前顾后、优柔寡断，而是斩钉截铁、当机立断。

3. 顽强性

所谓顽强性，是指创新者在创新过程中，具有拼搏到底、不畏艰难、百折不挠、坚忍不拔的奋斗精神。有了这些精神，他们就有勇气面对一切困难，克服一切艰险，坦然面对挫折。

4. 自制力

自制力是指创新者具有良好的自控能力，善于控制自己的情绪，理智地支配自己的行为。只有具有自控能力，创新者才能在创新过程中克服消极情绪并保持良好的创新状态，从而实现创新。坚不可摧的创新意志，是创新者必不可少的精神支柱。掌握创新心理学的基本理论、基本知识，有利于从更深的层次上理解创新创业能力的培养。

（三）创新心理特征

大学生的生理因素、心理因素决定了他们正处于最佳创新年龄的开始阶段，他们对创新活动和创新成果充满渴望，并表现出以下一些发展特征。

1. 思维敏捷

大学生经过小学、中学到大学的长期系统学习，其理性思维和逻辑思维高度发展，他们好奇心强、求知欲旺、思维敏捷、反应迅速，对新事物特别向往。但由于他们的思维方式往往停留在线性思维阶段，考虑问题的方式常常是单一、垂直或直达式的，因而虽然思维敏捷，但缺乏灵活性、准确性、全面性和有效性，难以获得理想的思维效果。

此外，当代大学生还不善于运用诸如形象思维、发散思维、逆向思维、灵感思维、联想思维、类比思维和侧向思维及分合思维等创新性思维，再加上认识面较为狭窄、创新能力不足等，从而影响大学生创新性思维的顺利发展。为提高大学生群体的创新能力，培养大学生的创新性思维是极为必要的。

2. 想象丰富

想象是人脑在原有感性形象的基础上创新出新形象的心理过程。没有想象，就不可能有发明。如同其他青年群体一样，大学生也特别富于想象。

一般来说，随着大学生知识的增多和经验的积累，其想象力会逐渐丰富，他们很容易产生对历史的追溯和对未来的遐想，但遗憾的是，他们的创新性思维和创新性能力还没有同步发展，所以他们的种种想象极易受到原有知识和经验的束缚，不能独立地产生新思维、新概念、新形象和新方法。在学习时，他们还往往沿用过去“死记硬背”“临阵磨枪”式的老方法，在工作时，他们也常常沿袭往日“生搬硬套”式的旧套路。这说明，大学生在根本上还没有发挥创新性想象的能动性，有关他们想象力的培养还有待加强。

3. 具有灵感

灵感是人们在长期的脑力劳动中，特别是在创新性劳动中，经过超常思考和过量思考，使大脑皮层建立起许多暂时联系，然后在某种偶然因素的激发下，对问题产生突如其来的顿悟和理解。它是人们进行长期创新性思维和创新性实践的必然产物，是创新者应得的劳动果实。

具有较高智力水平并喜欢进行耐心思考的大学生，产生灵感不足为奇，但大学生不善于用创新性手段捕捉灵感。由于灵感是一种稍纵即逝的思维现象，大学生往往忽视它的存在，更不会及时把握和充分利用。在许多大学生看来，灵感始终是神秘莫测、高不可攀的，他们没有认识到，灵感有规律可循。

由于在认识上存在误区，大学生的灵感资源常常付诸东流。他们常有这样的体验，当灵感如电光石火般突然在大脑中闪烁时，他们往往会察觉不了、捕捉不到，以致灵感像一位被怠慢的客人愤然离去，留下他们徒呼奈何。

4. 急于创新

高校是高新科技的集散地和创新发明的孵化器。在竞争激烈的大学校园里，大学生确实容易产生拼搏一番的想法。对于志向高远、抱负不凡的大学生来说，证明自身价值的最好办法就是有所发明、有所创新。他们既想在学习中获得好成绩和好方法，也想在工作中获得好经验和好成果，其心可喜、其志可嘉。但大学生常常不会充分利用高校的有利条件进行创新，他们缺乏与经验丰富的教师展开讨论，也缺乏与不同专业的同学展开交流，只凭个人的满腔热情和苦想，就幻想取得创新的成功。由于没有创新性方法作为行动指导，并且缺乏新知识和新技能的支持，他们的创新行动大多会以失败告终。

八、创业能力结构理论

（一）综合能力说

综合能力说认为，创业能力是一种高层次的综合能力，主要包括专业能力、方法能力以及社会能力。专业能力是从事职业所需要的基本能力；方法能力主要指创业能力、自我发展能力等；社会能力是开展社会活动所需要的能力，包括社会适应、人际交往等。

（二）认知能力说

认知能力说认为，创业能力是以认知活动为中心所表现出来的能力，主要包括五个方面，即想象力、记忆力、思维能力、观察能力、创造力。作为人类行为的基本能力，认知能力确实是必需的。但是作为创业活动来说，仅具有上述五种能力是不够的。创业的大多数能力都表现为专业性、复合性。

（三）整合能力说

整合能力说将一般能力和社会能力相整合，提出创业需要具有创新意识，具有组织协调能力、分析与判断能力、经营决策能力等能力要素。

上述能力要素也包含了三部分能力，即认知能力、社会活动能力和个性倾向。作为一个完整的能力结构，应该在系统上比较清晰，在功能上比较明确，在层次上比较分明。按照这个标准，尽管整合能力说列出了比较多的要素，但作为创业能力的理论结构，还要进一步整合、完善。

第三节　高校创新创业教育的文化基础

一、文化是创新创业教育的基础

从创新创业教育的视角来看，文化是指一切有助于创新创业教育的观念、理念、精神、行为规则、制度及与之共生共存的各种物质因素的总和。文化是创新创业教育的基础，这是被大量实践和研究成果所反复证明的科学结论。

二、创新创业教育文化的构成元素

（一）与时俱进的先进文化

1. 文化与修养

“古为今用”是对待历史文化和传统文化的正确方针，要批判地利用封建文化，吸取其中的精华，剔除糟粕，发展社会主义新文化。作为当代大学生，一定要处理好这方面的事情。古代的很多警世名言，对大学生的人生观、价值观、世界观有着重要的指导作用。

2. 先进文化的地位和作用

先进文化通过知识体系、价值观念、思想信仰和行为规范以及评价、言论等方式，教化生活于其中的社会成员，规范人们的行为，从而成为社会发展、进步的内在灵魂。相应地，高校也必须顺应这个历史潮流，遵循历史发展的规律。

3. 先进文化的前途

社会主义文化以马克思主义理论为指导，代表着人类社会发展的总趋势，以实现个人的自由全面发展为价值目标，是一种先进的文化。它汲取了传统文化的精华，吸收了符合现代人类社会发展趋势的新文化因子，以实现物质文化与精神文化、个人与社会、人与自然的协调一致为目标，是代表人类文化前进方向的先进文化。离开了社会主义文化，我们党就没有了根基，没有了方向，动摇了社会主义文化，就动摇了整个改革开放和现代化建设，国家和民族的前途就会被葬送。

4. 建设与时俱进的先进文化

建设中国特色社会主义文化，一方面植根于当代建设中国特色社会主义的实践，其基本的价值观念已经在建设中国特色社会主义的实践中得以形成；另一方面，中国特色社会主义文化又处于建设之中，是我们为之奋斗的一个目标。在建设中国特色社会主义文化的进程中，必须充分实现现实文化建设与中国先进文化的有机统一。

（二）国际化多元文化

在经济全球化时代，产业转型升级必然突破国际界限，使世界经济成为联动的整体。在这种背景下，创新创业教育也必然突破一所学校、一个区域、一个国家的界限，成为一种世界性的教育。而世界性的创新创业教育赖以成功的原因是不同国家的多元文化，这种多元文化是创新创业的源泉。

（三）传统文化

中国传统文化是中华民族在长期的历史发展过程中形成和发展起来的古典文化，它不仅以程式化的经典文献、制度等客体形式存在着，而且以独特的思维模式、知识结构、价值观念、伦理规范、行为方式、审美情趣等主体形式存在着。因此，接受传统文化的教育与熏陶，应该贯穿大学生创业教育的始终。分析探究中国传统文化对大学生创业精神培养的影响，有助于国家、政府、高校进一步优化创业指导理念，构建适合中国国情的大学生创业教育体系，丰富具有中国特色的高校创业教育模式。

第四章　高校创新创业教育的模式

新时期，高校创新创业教育显得尤为重要，因为我国高校创新创业教育正处在逐渐发展的阶段，为了顺应时代的潮流，对高校创新创业教育模式的研究势在必行。

第一节　我国高校创新创业教育的模式类型与典型特征

当前，创新创业教育在国内高校内部正如火如荼地开展。2010 年以后，我国进入创新创业教育的深化期，应加大力度发展创新创业教育，以满足建设创新型国家的需要，增强国家的国际竞争力，提高人才培养质量，缓解大学毕业生的就业压力。在这一背景之下，各大高校的创新创业教育实践持续不断地进行，创新创业成果不断涌现。为了更好地推动创新创业教育的深入发展，总结当前高校创新创业教育的实践经验，理清创新创业教育基本思路，成为当前教育研究工作者的重要任务。

我国的高等教育规模较大，高校多从本科高校到高职高专院校，从公办院校到民办院校，从理工科院校到文科类院校，可谓种类繁多。这么多高等教育院校及机构，其开展创新创业教育的模式必然有所不同。本节主要选取教育部设立的第一批九所创新创业教育试点院校中的三所即中国人民大学、北京航空航天大学、上海交通大学，以及具有区域特色的温州大学作为创新创业教育典型模式进行分析，因为这些高校是国内最早进行创新创业教育的学校，其在创新创业教育模式的形成、发展及构建上具有一定的典型性和代表性。

一、我国高校创新创业教育的模式类型

（一）融入式创新创业教育模式

融入式创新创业教育模式是指将创新创业教育融入高校素质教育中，通过第一课堂和第二课堂来培养学生创业意识和创新能力的一种创新创业教育模

式，其代表高校是中国人民大学。中国人民大学是我国著名高等教育学府，也是第一批创新创业教育试点院校之一。学校坚持创新是永恒的主题，在创业教育上结合学校人文社会科学学科优势，积极融入以“立德树人”为理念的学校人才培养体系，推进创新创业型人才培养模式变革。中国人民大学主要侧重提高学生整体创业能力，将创新创业教育融入学校的素质教育中，强调“重在培养学生的创业意识，构建创业所需知识结构，提高学生的综合素质”。

1. 融入式创新创业教育模式的基本情况

（1）第一课堂与第二课堂

中国人民大学的创新创业教育模式的主要特点就是融合“创业意识 + 创业知识结构 + 综合素质”，将课堂教学与社会活动有效结合起来，这种模式也是我国高校创新创业教育最常使用的一种模式，即第一课堂与第二课堂相结合。在第一课堂方面，中国人民大学的创业课程包括专业选修、专业必修、校级选修和校级公共基础课程。2014 年，学校还开拓性地将“大学生创业训练”作为全校本科生公选课（2 学分），课程一经推出，就在全校范围内引起了广泛讨论，选课人数一度突破 300 人。到了 2017 年，中国人民大学创业精品课程已达 11 门，详见表 4-1。在第二课堂方面，中国人民大学主要以学生课外实践活动为主，包括各种与创业相关的实践活动、比赛，并且组织运营了多处众创空间，为学生创新创业提供全程指导和一站式服务，增强学生的创业实践能力。2015 年中国人民大学正式成立创业学院，并设立了更为清晰的创业教育定位，在第一课堂和第二课题的建设上都有很大的进步。

表 4-1　中国人民大学创业精品课程

课程名称	学分	课程类别	开课教师姓名	职称	高校教龄
大学生创业能力发展与创业实务指导	2	发展指导课程	周文霞	教授	27 年
品牌战略与推广	2	发展指导课程	陈冠	教授	27 年
创新管理	2	发展指导课程	陈冠	教授	27 年
创业 + 互联网金融	2	发展指导课程	杨东	教授	10 年
创业、就业与演讲艺术	2	发展指导课程	杨东	教授	10 年
创业管理	2	发展指导课程	梁雨谷	副教授	34 年
大学生创业训练	2	发展指导课程	彭翊	副教授	22 年

续表

课程名称	学分	课程类别	开课教师姓名	职称	高校教龄
创业与管理	2	发展指导课程	焦叔斌	副教授	26 年
创业实务	2	发展指导课程	牛海鹏	副教授	20 年
跨境电子商务与大学生创业	2	发展指导课程 发展指导课程	王晓明、檀文茹	讲师	21（王） 14（檀）
创新型创业管理	2	发展指导课程	来惠民	讲师	28 年

（2）学生创业园与创业学院

中国人民大学创新创业教育主要通过第一课堂与第二课堂相结合来进行，同时学校还在 2009 年与 2015 年相继成立了学生创业园与创业学院。学生创业园是中国人民大学文化科技园的园中园，能为创业团队免费提供办公场所。中国人民大学为了响应党和国家“大众创业、万众创新”的号召，贯彻创新驱动发展战略，基于学校“十三五”规划和高等教育综合改革方案设立了创新创业教育教学和科学研究组织，在 2015 年 6 月正式成立创业学院，为中国人民大学的创新创业教育带来了新生机，也丰富了现有的创新创业教育模式。

2. 融入式创新创业教育模式的特点及不足

（1）融入式创新创业教育模式的特点

从中国人民大学的创新创业教育模式实施情况可以看出，融入式创新创业教育模式的特点有两个。一是理论教育与实践教育同步推进。理论教育主要通过必修课和选修课进行，实践教育主要是一些创业讲座与创业比赛，通过理论与实践的教学，促进学生创业能力的提升。二是注重对学生创业素质的培养。将创新创业教育融入专业学科教育中，潜移默化地影响学生的创业思维，培养学生的创业素质，提升学生的创业能力，激发学生的创业意识。

（2）融入式创新创业教育模式的不足

融入式创新创业教育模式是很多高校采取的一种创新创业教育模式，但是这种模式也有一定的不足，主要体现在以下两个方面。一是跨学科交流少。融入式创新创业教育模式将创新创业教育融入学科教学活动，但是在跨学科交流方面体现并不充分。例如，中国人民大学是国内文科院校的优秀代表，但是在理工类创新创业教育方面的交流就相对欠缺，而创新创业教育很多时候需要的是多学科之间的相互交流。二是针对性不强，没有有针对性地开展创新创业教育。

（二）实践型创新创业教育模式

实践型创新创业教育模式注重对学生创业实践能力的培养，其代表高校是北京航空航天大学（以下简称北航）。北航是一所具有航天航空特色和工程科技优势的国家重点研究型高校，在创新创业教育上，北航以培养学生的创业意识和创业精神，以传授创业知识、提高学生的创业技能为教学宗旨。坚持这一创新创业教育宗旨，北航凭借自身在科技研究、学科多样及师资力量上的优势，形成了重点培养学生创业技能的创新创业教育模式。

1. 实践型创新创业教育模式的基本情况

（1）学生创新创业意识培养

北航的创新创业教育注重实践，同时也相当注重对学生创新创业意识的培养，早在2001年，北航就开设了“科技创业”作为公共选修课，到了2016年北航已经在全校开设了“创造学”“创业管理”“创业概论”等面向全校的选修课程与必修课程。这些课程不仅拓展了学生对创新创业的认知，同时还为学生在接受创新创业教育时提供了更多的选择。除了必要的创新创业课程外，北航还有一系列的创新创业讲座，主要是邀请社会上有名的企业家及北航的创新创业校友到学校为同学做报告，通过讲述他们的经历、实践及感悟，让学生进一步了解创新创业。

（2）优秀的创业教育师资

创业教育的师资力量往往是我国创业教育最为薄弱的一个环节，但是北航在这一方面有一定的优势，在2002年年初学校就成立了创业管理培训学院，以此搭建创业平台、加强学生创业意识、提升学生创业技能；2007年，北航被授权为全国唯一一家KAB创业项目师资培训基地，这意味着在培养创业教师方面，北航有着丰富的资源和经验。此外，北航还注重从校外引入具有创业经验的创业导师为学生提供创业实践指导。

（3）创建北航科技园

北航科技园以“提高自主创新能力，建设创新型国家”为指引，紧紧围绕学校长远发展规划而成立。自2000年建园以来，北航科技园在转化科技成果、孵化高新技术企业、培养创新创业人才、推进产学研结合等方面都取得一定成效。北航科技园在学生创业辅导培训方面起着相当重要的作用，并且有一定的流程，如图4-1所示。为了提高创业者的素质和创业能力，2002年北航科技园成立了北航创业管理培训学校，培训主要围绕创新创业、高新技术技能及科技园内部培训等方面展开。到了2009年还推出了北航科技园“实习、实践、创业、就业”综合基地，这个新基地对全校大学生开放，主要用于学生与企业之间的交流，形成集“实习、实践、创业、就业”为一体的多元多功能的基地。

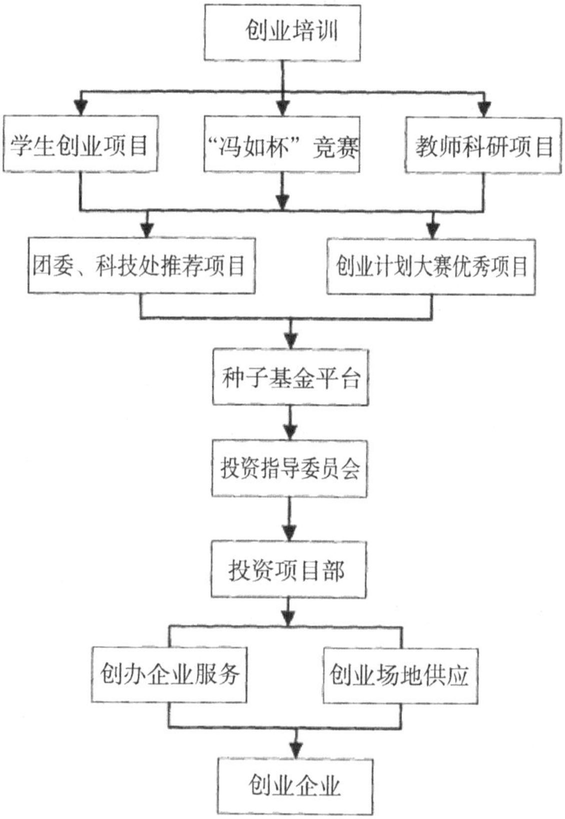

图 4-1　北航科技园创业辅导流程图

2. 实践型创新创业教育模式的特点及不足

（1）实践型创新创业教育模式的特点

实践型创新创业教育模式的特点是注重创业教育的实践教育。创业实践往往是创业最难和最关键的部分，因为创业实践是创业理论知识、创业素质及创业能力的综合应用，学生通过实践才能将平时所学应用起来，并通过实践发现自身创业能力及素质的不足。北航的创业实践教育就有完善的配套教学，有针对性地为有创业意愿和有较强创业能力的学生提供创业服务和支持。

（2）实践型创新创业教育模式的不足

如果说融入式创新创业教育模式是“面”上的创业教育，那么实践型创新创业教育模式就是“点”上的创业教育，它注重对“种子选手”的选拔和培养，但是对于潜在的创业教育群体的培养还是有不足的地方。此外，虽然实践型创新创业教育模式在实践教学上具有一定系统性和流程性，但是在理论教学上缺乏系统的体系，这和学校对创新创业教育理论体系的研究及投入有关，当然这不单是该模式的不足，而是我国创新创业教育模式都亟待提升的地方。

（三）“一体两翼”型创新创业教育模式

“一体两翼”型创新创业教育模式也可以理解为综合型创新创业教育模式，“一体”是指以创业学院为载体，对高校创新创业教育进行全面的管理；“两翼”主要包括“面上覆盖”和“点上突破”，也就是分层次的创新创业教育。上海交通大学是一所综合性、研究型、国际化的知名大学，是国内较早开展创新创业教育的院校之一，同时也是“一体两翼”型创新创业教育模式的代表高校。自实施创新创业教育以来，上海交通大学在创新创业教育上形成独特的模式和优势，这不仅体现在对学生的创业意识、创业能力及创新思维的培养上，同时还体现在创新创业教育的支持平台构建和创业教育资源供给上。

1.“一体两翼”型创新创业教育模式的基本情况

（1）“一体”——创业学院

上海交通大学的创业学院成立于2010年，学校将其定位为一所高起点、高水平、精品化、重实践的学院，旨在为学生提供全面、系统的创业素质教育，并建立完整的创业支持平台，为学生的创业实践、创业成果转化提供帮助和支持。创业学院采取“无形学院、有形运作”的新模式，即创业学院下设“教务办”“实践办”“对外交流办”“科研办”“行政办”五个实体办公室，有专职人员进行管理。创业学院主要面向全体学生开设通识创业课程，以培养学生的创业意识及精神，同时还面向具有强烈创业意愿的同学有针对性地开设课程，着重培养“种子选手”。

（2）“两翼”——“面上覆盖、点上突破”

“面上覆盖”是指上海交通大学的创业教育是面向全校学生开展的，主要有创业教育课程和创业计划大赛等。创业教育课程主要包括两类：一是创新与创业教育大讲堂，这是一门面向全校学生开设的创新创业教育课程，主要以讲座的形式开展，邀请著名的企业家及创业管理领域的专家等来校演讲；二是创业指导课程，此类课程相比大讲堂更注重对学生创业专业知识的讲授，在课上教师也会组织学生开展一些创业团队项目，制订商业计划书等。此外，自1999年举办创业计划大赛以来，至今深受上海交通大学的学生喜欢，每年有30多支队伍参赛，时间跨度大概 8 个月。大赛有系统的培训、辅导和评审环节，学生通过大赛不仅能增强创新创业意识和能力，还能培养团队协作能力。近几年，上海交通大学还推出了许多创业实践活动，如大学生创业训练计划、新创企业见习实习等，这些活动从不同层面丰富了学生的创业教育活动。

“点上突破”是指注重对学生创业专业化的培养，其目标是培养未来的企业家，主要体现在学校给予资金上的支持及积极建设大学生创业基地。资金是大学生在进行创业时必须面对的问题，也是创业实施的重要影响因素。上海交通大学通过一系列的资金支持来帮助学生创业，例如，在创业计划大赛中获奖，就有机会得到学校及基金会相应的奖金支持，如果项目投入实际创业，将有机会获得上海市科技创业基金的支持。此外，上海交通大学还在校内建立全球创新创业实验室，为创业团队提供孵化场地、展示平台、讨论场所、创业诊断咨询等服务。除了校内创业基地，学校还和企业、政府共同建立了上海紫竹科学园区等，通过园区来充分发挥智力、科技、人才、信息和平台、资源、资本的集聚优势，为创新创业教育提供有力的保障。

2.“一体两翼”型创新创业教育模式的特点及不足

（1）“一体两翼”型创新创业教育模式的特点

“一体两翼”型创新创业教育模式是我国创新创业教育中比较完善的一种模式，根据上海交通大学创新创业教育的发展情况分析，其特点有两个。一是创新创业教育学院的有效运作。高校创新创业教育的运行管理需要有专门的机构进行统筹，因为其涵盖的范围及利益相关者众多，有带头的部门进行资源配置和管理能够有效促进创新创业教育的发展。二是“点”与“面”的统一。这种模式在“面”上不仅注重大范围的创新创业教育的宣传与教学，同时在“点”上注重对“种子选手”的培养和选拔，“点面结合”能够有效提升学生的创业素质和能力。

（2）“一体两翼”型创新创业教育模式的不足

虽然“一体两翼”型创新创业教育模式在“点”“面”的建设上取得了一定成效和进展，但是还是有不足的地方。主要表现为创新创业教育理论教学缺乏系统性，最明显的体现是缺少专业的、体系化的书籍，如很多教材过于笼统、层次不分、内容陈旧、没有契合社会的发展及科技的进步，这些因素都导致理论书籍无法满足学生对创业理论的需求。深究其根本原因是目前我国缺少研究创新创业教育的专业教师，虽然关于创新创业教育的文献很多，但是真正研究创新创业学科发展的专业人士还不足。

（四）区域特色导向型创新创业教育模式

区域特色导向型创新创业教育模式是指高校在发展创业教育时考虑所处区域的文化、资源、社会氛围等因素，并且根据高校自身的发展与社会、高校、学生的需求构建创新创业教育模式，其代表高校是温州大学。温州大学的创新创业教育定位是培养服务地方的应用型人才，着重培养具有企业家精神的拿“执照”的“服务型创业人才”。自2002年开展创新创业教育以来，学校将自身办学实际与地方特色相结合，形成了独特且鲜明的创新创业教育模式。

1. 区域特色导向型创新创业教育模式的基本情况

（1）传承温州创业精神

温州因受永嘉学派“经世致用，利义并重”思想的影响，其文化环境处处彰显着浓郁的创业氛围。受到地方文化与精神的影响，温州大学学生的创业意识相比较于其他地区的学生都较高。温州大学在温州精神的引导下，不断探索创新，逐步形成了当前的创新创业教育模式。2000年，温州大学开始了创业教育的初步探索，2009年温州大学组建了创业人才培养学院，并在2014年设立了温州大学众创空间。其中，温州大学的创业教育教学管理、创业实践及创业研究主要由创业人才培养学院负责。

（2）构建创业平台

温州大学根据地方产业发展和企业需求，通过整合区域资源，结合高校特色，在创业教育方面侧重鼓励学生将专业与创业紧密联合，进而为学生提供专业性强的创业平台、创业实践及指导。创业人才培养学院面向全校学生开展创业教育，通过构建独特的培养体系，构建“学生创业工作室、学院创业中心、学校创业园”三级联动的创业实践平台，从而为学生的实践活动提供支持和帮助，形成良好的创业氛围。

（3）“产学研”相结合

温州大学开展创新创业教育时注重利用本地优势资源。首先，在温州商会的帮助下，温州大学与国内知名企业进行集团合作，并设立校外创业实践基地，以此培养学生创业、管理方面的能力。其次，温州是有名的侨乡，丰富的侨商资源为温州大学生创业项目的本土化提供了重要的资源。最后，温州大学积极与外界进行合作与交流，在企业合作上，不仅包括大型的企业还包括很多中小型企业，通过发挥各种企业的特色和优势，为创新创业教育提供更多的保障和机会。此外，温州大学还注重与各高校之间的交流与合作，包括共同举办创业相关赛事、科技创新活动等。

2. 区域特色导向型创新创业教育模式的特点及不足

（1）区域特色导向型创新创业教育模式的特点

区域特色导向型创新创业教育模式深受区域内的文化、经济、社会等因素的影响，在这种氛围下，高校创新创业教育的发展更加注重与区域内产业的合作，其特点有两个。一是创新创业教育具有鲜明的区域特色。创新创业教育相对其他的专业教育，更容易受所在区域的经济、产业及文化等因素的影响，如温州大学的创新创业教育就受到温州区域创业文化的影响。二是注重“产学研”相结合。区域特色导向型创新创业教育模式相对其他模式而言更加注重与区域内企业的联系、交流及合作，而且在注重培养学生的创业能力的同时也关注所在区域的人才需求，有针对性地培养相关产业所需的人才。

（2）区域特色导向型创新创业教育模式的不足

区域特色导向型创新创业教育模式注重创业教育与专业教育的结合，但是在创新教育方面有所欠缺，因为高校与企业合作时，大多数情况是让学生到企业进行实习，学习岗位职能及熟悉工作流程，虽然这种实践加深了学生对岗位的理解，但是对学生创新能力方面的培养作用相对较弱。

二、我国高校创新创业教育模式的典型特征

创新创业教育模式的形成不仅需要大量的人力资源、资金的投入，还要根据资源环境的变化，不断调整结构、内容、形式来完善模式。对创新创业教育模式进行分析也是完善创新创业教育的一种方法，本部分将从创新创业教育目标、创新创业教育教学形式、创新创业教育课程设置、创新创业教育师资力量及创新创业教育支持体系这五个部分来分析我国高校创新创业教育模式具有的典型特征。

（一）创新创业教育目标

创新创业教育目标是开展创新创业教育的目的，因为每所高校创新创业教育的情况不同，目标定位不同，因此在创新创业模式的构建过程中其侧重点也会不同。通过对我国创新创业教育典型模式的介绍可知，当前我国创新创业教育模式主要分为四种，分别是融入式创新创业教育模式、实践型创新创业教育模式、“一体两翼”型创新创业教育模式与区域特色导向型创新创业教育模式。虽然它们的创新创业教育目标有所不同，但是主要方向还是以培养学生创新创业方面的能力为主，见表 4-2。纵观国外开展创新创业教育的高校，大部分也以培养学生创新创业方面的能力和素质为创业教育目标。四种典型的创新创业

教育模式虽然对学生创业能力培养的重心不同，但是总体而言，学校制定的创新创业教育的目标是清晰的，方向是正确的。

表 4-2　不同创新创业教育模式的创业教育目标

模式类型	代表高校	创业教育目标
融入式创新创业教育模式	中国人民大学	培养学生的创业意识，提高学生的综合素质
实践型创新创业教育模式	北京航空航天大学	丰富学生的创业知识，侧重培养学生的创业技能
“一体两翼”型创新创业教育模式	上海交通大学	注重培养学生的创业素质和创业实践能力
区域特色导向型创新创业教育模式	温州大学	培养服务地方的创业型应用人才

（二）创新创业教育教学形式

教学形式包括教学模式、教学策略、教学手段及方法等方面。对于创新创业教育教学形式，可以理解为创业教育在教学过程中所体现出来的教学方法、手段及模式。在四种模式中，融入式创新创业教育模式是将创业教育和专业教育进行有机融合，在专业知识传授的过程中加强创业教育，但由于在我国，在融入式创新创业教育方面投入的研究还不深入，因此在教学形式上还是以理论教学为主，缺少创业实践方面的教学，导致创新创业教育教学形式和传统课堂的区别并不大。实践型创新创业教育模式，突出的特点就是注重实践，因此相对传统的教学形式加入了更多的实践培训，在形式上有所突破，但是在非实践教学过程中还是偏向于单纯的理论讲解。“一体两翼”型创新创业教育模式，属于综合模式，教学覆盖创新创业教育的理论和实践，因此教学形式较为多样，但是由于我国高校创新创业教育体系的不完善，教学形式未形成系统和规模。区域特色导向型创新创业教育模式，立足于区域发展，创新创业教育过程也偏向于实践，在教学形式上存在的问题与实践型创新创业教育模式相似。虽然我国高校已经形成具有特色的创新创业教育模式，但是目前模式还不成熟，尚处于探索和发展阶段，缺乏必要的研究和专业性的指导，因此无论在理论教学形式还是实践教学形式上都不完善。在我国，创新创业教育的教学形式大多数还是沿用传统教学模式，教学形式较为单一，特别在实践教学上还是相对欠缺的。

（三）创新创业教育课程设置

创新创业教育课程设置是高校对创新创业教育相关课程的设立和安排。目前，我国高校创新创业教育课程设置主要分为创新创业教育基础课程、创新创业教育专业课程和创新创业教育实践课程。开设创新创业教育基础课程是为了培养学生的创业意识、创业素质、商业道德，课程包括“职业生涯规划”“企业家精神”等；创新创业教育专业课程属于专业性较强的课程，主要为了培养学生的创业能力、创新能力、创业技能，课程包括“新创企业融资”“企业管理”“创业企业财务管理”等；创新创业教育实践课程从综合角度开发学生的创业思维和能力，主要包括创业大赛、创业培训、创业拓展训练等。从前面对我国创新创业教育模式的介绍可知，我国创新创业教育的课程大多包括理论课程与实践课程，例如：融入式创新创业教育模式在理论课程设置方面种类较多，而且也涉及实践课程；实践型创新创业教育模式在实践类课程的设置上相对其他模式较为完善。但是由于我国创新创业教育的研究还处于探索阶段，理论课程缺少体系，实践课程主要停留在创业竞赛、商业计划书、创业报告的指导上，没有完善的规划，因此很难全面提高学生的创业综合素质，而这些正是我国高校创新创业教育模式需要共同面对的问题。

（四）创新创业教育师资力量

创新创业教育教师是创新创业教育教学活动的实施者，是创新创业实践的指导者，也是创新创业教育理论的研究者，因此创新创业教育师资关系着创新创业教育实施的效果及目标的实现。从教师创业素质方面分析，融入式创新创业教育模式注重将专业教育与创业教育相结合，在师资上偏向于理论研究，因此创新创业教育的教师大多缺乏与创业有关的实践经验；而实践型创新创业教育模式以实践为主导，这种创新创业教育模式的教师在创业实践、经验及技能方面的实力相对其他模式的教师要强些；“一体两翼”型创新创业教育模式既注重对学生创业素质的培养，也注重对学生创业实践能力的提升，对师资的综合性要求更高些；区域特色导向型创新创业教育模式与区域的经济及企业的发展有着密切的联系，这种创新创业教育模式的教师对学生在相关工作岗位方面的指导能力较强。在创业师资构成方面，我国高校基本采用校内教师与外聘教师相结合的方式，校内教师主要由经济管理专业的教师，负责学生就业指导的辅导员及学生工作部门的管理干部构成；外聘教师包括具有创业经验的企业人员及相关行业专家等。虽然近几年随着国家对创新创业教育投入的增多，我国创新创业教育的师资力量也在逐渐增强，但是师资力量总体上还比较薄弱。在师资总量上，无论是校内教师还是外聘教师，在数量上依旧不能满足创新创业教育的需求；在师资质量上，我国高校创新创业教育严重缺少专业带头人和学术骨干。

（五）创新创业教育支持体系

创新创业教育是一个复杂的教育体系，其支持体系不仅来自高校，还涉及政府及社会。在高校支持体系上，主要包括创新创业教育研究及管理机构、创业孵化平台等；政府对创新创业教育的支持主要包括政策、资源供应、创业教育氛围营造及平台构建等方面；社会的支持主要是为创新创业教育提供必要资金。对于不同的创新创业教育模式，学校的创新创业教育支持体系也会有所不同，例如，融入式创新创业教育模式在创新创业教育学科融合研究方面的支持力度会大些，而实践型创新创业教育模式在创业孵化平台建设上投入的精力更多些，“一体两翼”型创新创业教育模式在学科研究及实践平台上的支持力度比较均衡，区域导向型创新创业教育模式在创业实践及培训方面的支持力度更大些。

第二节　国外高校创新创业教育的模式

国外高校创新创业教育已经发展成熟，各个院校有自己的特色，自成一套系统，取得了良好的教育成果。为了进一步分析国外高校的创新创业教育模式，笔者对其创新创业教育模式中的课程设置、师资配备、实践锻炼等几个方面进行了大量的研究，以期为我国建立适合我国国情的创新创业教育模式提供有效的参考。

一、美国高校创新创业教育模式

（一）美国创新创业教育的课程设置

美国是第一个开展创新创业教育的国家。1947 年，哈佛商学院开设的“新创企业管理”课程，是美国大学开展创新创业教育的开端。据统计，美国大学现有的创业课程约有 2200 个。同时，美国的创业课程除了针对创新创业专业的学生开设外，还面向全校学生授课。全校性课程分为公共课程、专业课程、活动课程。美国课程论专家奥利瓦认为：“课程目标就是用具体化的、可以测量的术语表述的取向或结果。课程规划者希望学生在完成了一个课程计划的部分或全部内容后，达到这一取向或结果。课程目标可分为三个层面，即宏观层面、中观层面以及微观层面。”

1. 公共课程

公共课程分为两大类，一类面向全校不同专业的学生，另一类面向个别专业的学生，学生可根据需要进行选择。面向全校的创新创业类课程主要是讲授创业基础和商业计划等方面的知识，课程内容涵盖了介绍小企业的基本情况、介绍必备的创业能力等。同时，在学生掌握了基础知识后，还会专门培训学生如何撰写商业计划，要求学生以实践为导向，保证商业计划的可行性。针对特定专业学生开设的选修课，大都有较强的专业性。

2. 专业课程

专业课程是根据学校不同专业的学生开设的课程，目的是在公共课程的基础上，进一步培养学生能够根据自己的专业特色学习创新创业的知识。这类课程分为必修课和选修课两类，主要讲授市场营销、财务会计、商业计划、创业实战方面的知识；在授课内容上更加专业，涵盖了计划运营、人力资源管理、财务管理等专业课程。更主要的，专业课程要求学生能够撰写完整的商业计划书，并且需要学生在创业公司工作。

3. 活动课程

美国的活动课程是指一些实践课程的安排，包括完成创业项目、举办创业竞赛等。

（二）美国创新创业教育的师资配备

美国高校强大的师资力量，是他们能够在创新创业方面处于领先地位的重要保障。美国的聘用和考核制度十分严格，美国大多数开展创新创业教育的高校都会招聘专业的教师。同时，美国高校要求创新创业教师队伍多元化，百森商学院要求其创新创业教师必须是具有企业工作经历和背景的管理人才，招聘的学者必须拥有博士学位。美国高校对创新创业教师的考核也十分严格。考核标准衡量了教师的教学能力、科研能力、参加创业实践的能力。美国高校的教师聘用制度和我们国家相比有很大的不同，我国高校一般将高校教师列入事业编制，无重大工作过失基本可以终身留任。而美国高校教师分为短期合同制和终身制，这种制度在很大程度上提高了教师工作的积极性，提高了学校的整体教育水平。美国重视教师的实践能力，鼓励教师到校外学习，尤其是到一些企业兼职，同时美国高校还会邀请有着较高社会地位和丰富经验的企业家、创业者来校讲学。美国有规模大、配比合理的师资队伍，如哈佛大学商学院有 37 名创新创业教师、百森商学院有 62 名、加州大学伯克利分校有 20 名。在这些教师中，有的是有着较高科研能力和理论水平的专职教师，有的是有着学术背景且创业经验丰富的社会人士，在授课过程中每门课程可以由专职教师和兼职教师共同授课。美国还非常重视教师的培训，通过各类培训班、示范教学或讨论会等基础培训方式提高教师的水平，同时还会依托博士生项目、基金会等培养创新创业教师。美国创新创业教师的工资较高，福利待遇较好，尤其是工资方面，创新创业类教师的薪资普遍比其他专业的教师要高。

（三）美国创新创业教育的实践锻炼

由于国情、地理位置等多种因素的不同，在美国，大学生的创业实践活动不仅成了美国经济的直接驱动力量之一，同时也引导着高等教育的发展方向。因此，美国非常重视大学生创业实践活动。

1. 意义重大的创业计划竞赛

美国大学生的创业计划竞赛举办得如火如荼。每场比赛都是在紧张、激烈而又不失友好的气氛中开幕的，参赛选手纷纷表示，通过比赛，能收获许多，因为，既能看到自己存在的不足，同时又能够学习其他选手的优点，是一次难得的锻炼与学习的机会。通过沟通与交流，自己的能力得到了飞速提升，极其有利于个人的成长。他们表示希望学校能够多组织这样的活动。

2. 为什么举办创业计划竞赛

因为创业计划竞赛除了可以将创业精神体现得淋漓尽致以外，还可将人人平等的概念体现出来，在竞赛中，广大参赛选手只要凭借自己的努力奋斗，就可以实现自己的创业梦想。也就是说，不管你出身如何，是否拥有高贵的社会地位，只要你付出了汗水，付出了辛苦，付出了辛勤，那么你的梦想之树，一定会结出丰硕的果实。在比赛中，机会公平、规则公平、权利公平，每一位参赛人可以真正地展示自己的真本事、真能力。这是社会公正的体现，对国家发展具有重大的社会意义。

3. 暑期打工活动必不可少

在美国，学生之间都会有一个约定俗成的习惯，那就是利用暑假外出打工。除了能够赚取基本的生活费用，减轻父母的负担外，最重要的是能够锻炼自己与人相处的能力，学会如何实现自己的人生价值。

在暑期打工，没有人会觉得枯燥无味。相反，大家在下班后，反而会举办各种聚会，参加座谈会，在聚会中大家就在打工中遇到的问题交流心得，寻找解决问题的最佳方案，在轻松愉快的环境中，圆满地解决了实际工作中遇到的问题。因此，有学生说，“暑期打工的过程就像一次大的聚会，我非常享受这个过程，当假期结束时，我流下了依依不舍的眼泪”。可见美国大学生将暑期打工视为人生发展道路中的“标配”，没有暑期打工经历的人生是不完美的人生。

那么美国大学生经常去打工的地点都有哪些呢？据统计，美国大学生最常去的打工场所就是麦当劳或者肯德基了，再有就是餐厅和咖啡馆，在这些场所打工一般要工作到很晚。

送外卖也是学生可以做的工作，只要有一辆自行车就可以。许多送外卖的学生说，“在送外卖的过程中，能欣赏到路边的美丽风景，还能结交新的朋友，再也没有比这更美妙的事情了，我将暑期打工视为生命中必不可少的一部分”。

二、日本高校创新创业教育模式

（一）日本创新创业教育的课程设置

日本高校开展创新创业教育相对美国和英国较晚，借鉴了他们相对成熟的经验，同时结合本国国情进行了改革和完善。日本特别重视学生创新创业教育的连贯性，针对中学生和大学生均设有创新创业教育课程。同时，由于日本的“政府导向”作用，社会各界加强了对学校的支持力度，选聘了优秀的企业家、成功的创业者对高校中的学生进行指导。日本最具特色的课程是2005年东京大学开设的“企业家道场”，讲师是具有丰富实践经验的企业家、投资者或教师。“企业家道场”的课程设置分为初、中、高三类，分别针对不同阶段的学生开设，课程设置适合学生发展需要，能够结合学生的实际经历。九州大学也是日本开展创新创业教育的典型大学之一，其课程设置更偏重于课堂教学，从树立创新意识到实践技能训练，通过不同阶段的课程设置全方位培养人才。

（二）日本创新创业教育的师资配备

日本的创新创业教师分为全职和兼职两种，有所不同的是，日本的教师主要来自企业，并有相对较少的专任教师。同时，日本政府大力支持高校教师和学生团队创办企业，因此日本高校的创新创业教师具有较强的实践能力。在师资培训方面，日本高校除了日常的培训之外，会经常在教师中举办交流会或座谈会，通过探讨、研究，发挥教师的长处，不断提升教师的教学水平。同时，日本高校为了促进教师的全面发展，积极鼓励教授与科研人员从事企业管理、企业研发以及创业等活动。

（三）日本创新创业教育的实践锻炼

在日本政府的支持下，日本高校的创新创业教育独具特色，对日本的经济发展和人才培养起到了推动作用。日本高校尤为重视学生的创业能力，在实现创业教育目标的过程中，开展了丰富多彩的活动，确保理论教学和创业实践相结合。

1. 产学合作融入课程体系

产学合作中的“产”是广义的，包括工业、农业、服务业、文化、教育，甚至政府管理，“学”也是广义的，不仅指学科，也包括医、商、文及所有专业教育学学科。日本专门职业大学是一所面向普通高中和专业高中毕业生的学校，具有良好的口碑，它的设立是从国际通用性层面来考量的。德国、美国等国家，其高等教育系统均有“专门大学”这一系统。

因此，产学合作与其他改革战略的出发点是相同的，即为国家培养与输送更多的工程专业人才，使其成为国家经济建设的中流砥柱，使得本国大学生创新创业教育步入世界先进国家之列。通过长期的实践，我们发现，不论有多少种经济发展战略，要想正常、有序、高效地进行与实施，还需要多方努力，只有这样，才能形成最终的人才培养链，源源不断地为国家输送人才。

而在众多的推动因素中，排在第一位的是政府及教育主管部门，因为它们的职能是制定产学合作的相关政策和法令、法规，同时要宣传、鼓励产学合作。日本政府在历史上多次通过法令和法案拨款支持产学合作教育，不同地区的政府为大学实习生提供 50% 的实习工资（另外 50% 由企业提供），这是他们实施的工读计划的配套政策。据统计，70% 的工读学生毕业后在本区就业，这就为本区经济发展提供了人力支持，而且就业的学生通过缴纳所得税又将部分资金返回到了社会，其中大部分用于教育，构成良性循环。

2. 创业实践教育层层深入

在日本工厂里有这样一个有趣的现象：从一名普通一线工人到高管，均非常欢迎大学实习生。一方面，这些学生有朝气，有活力，能为工厂带来新的气息。另一方面，这些学生有思想，有学识，有胆略，他们进入车间工作后，能迅速发现存在的问题，并提出合理的建议。同时，这些学生还将自己在学校里学习到的关于生产方面的知识传授给了其他工人，又让大家看到了他们谦虚、乐学的一面，因此，大学实习生在日本的工厂中非常受欢迎。

通过上述案例，我们发现，出现这样的现象，是高校将学习与实践完美融合的结果，这样学生才不会出现“眼高手低”的情况，才会在社会竞争中脱颖而出。

三、英国高校创新创业教育模式

（一）英国创新创业教育的课程设置

英国最有名的关于课程性质的分类是卡洛德的“关于创业的教育”“为创业的教育”和“在创业中的教育”的理论。其中，“关于创业的教育”的课程主要面对没有创业基础的学生；“为创业的教育”的课程主要面对有一定基础，却缺少实践的学生；“在创业中的教育”的课程主要针对已经创业的人士。

“关于创业的教育”课程模式的第一类是针对本科生开设的创业专业课程，主要包括“企业和经济学”“企业和管理”“企业和商业学”等专业课程。第二类是针对不同专业本科生开设的创业选修课，包括三种类型：一是教授学生与创业有关的知识与技能；二是教授学生撰写商业计划书、分析制定方案，以及如何创办企业；三是实践类课程，让学生身临其境地了解企业家，走进企业。第三类是针对研究生开设的课程。

“为创业的教育”课程模式有很多内容，最主要的形式包括创业俱乐部、创业论坛、创业事件和节日。

“在创业中的教育”课程，主要针对的是已经就业的人士。

（二）英国创新创业教育的师资配备

英国高校同美国一样有一支专兼结合的教师队伍，但同时英国高校更加注重教师的实践能力。在他们当中，有超过 60% 的教师拥有丰富的管理经验，尤其是教授“为创业的教育”相关课程的教师，几乎都有着丰富的管理经验，还有部分教师有着创业经验。英国高校不但重视教师的选聘，同时也注重创新创业教师的培训，会通过和企业联合的方式对教师进行培训，使教师能够运用理论知识来解决创业中的实际问题，学会将理论和实践联系起来为学生授课，提高学生的实践能力。与此同时，教师通过这种方式既能够了解创新创业方面的最新动态，又能够学会更多的案例。

（三）英国创新创业教育的实践锻炼

从全球范围来看，英国是开展创新创业教育最早、积累经验最为丰富的国家之一。近年来，创新创业已成为全球关注的话题，创新创业的英国大学生人数也在逐年增多，他们在创新创业过程中，取得了丰硕的成果，增强了自己的竞争优势。

新兴科技的迅速发展，极大地推动了生产力的发展，使人类向着更高一步的物质文明、精神文明发展，并使社会发生了一系列根本的变化。创新教育与人文科技相互交叉、相互渗透、相互融合，形成了许多新的领域。也就是说，在满足吃饱穿暖这一基本需求以及社会需求的基础上，人类对精神世界及社会生活又有了更高层次的追求。因为人类通过切身感受，已完全感知到经济发展给大家的生活带来了新气象。所以有了新的思想追求，这是社会发展的必然趋势和结果，绝非偶然的现象。

1. 注重实地考察

英国高校的氛围与亚洲高校的氛围有所不同。在英国高校课堂中，教师更加注重与学生的互动，更加注重学生的参与感，鼓励学生多动手、多思考，将自己不同的观点提出来，即使这个观点是错误的，也能够锻炼学生的思考和思维能力。开放的课堂、追求个性的特征是大学校园的符号。因此，英国大学生有着较多的时间与精力进行创新创业研究，学校也为有这样想法的学生提供场地、器具、教师指导，自上而下，由里及外形成了良好的氛围。

英国高校在安排学生进入企业工作前，必须要组织相关人员（必须是主管教学工作的校领导及所在院系的教师组成的专业考察组）到用人企业进行多方面的实地考察，因为学生及家长对学校的依赖感和信任感极强，来不得一丝马虎、敷衍，来不得一点应付的心理。因此，对用人单位进行前期的细致考察是必须进行的一项工作，不能回避，不能敷衍了事，更不能漫不经心，流于表面。

2. 实现课堂教学与实践的结合

英国众多高校在开展理论与实践相结合的工作时，一直稳扎稳打，稳步前行，不搞“花架子”，由于就业难的压力较小，所以其不会盲目跟风开设不相干的专业。几乎每所学校都用心、专注地摸索出了一条适合自己的教育模式，几乎每所院校都建立了数十个联合培养基地，学生在课堂上学到的知识可以在实践平台中得到应用，正因为如此，在世界性的比赛中英国院校的学生能够屡屡获得优异成绩。其实，这样的殊荣不是侥幸获得的，它凭借的是“真功夫”“真本事”，值得其他国家的院校学习和借鉴。

本节对美国、日本、英国三个国家的创新创业教育模式进行了系统的阐述和总结，希望能够帮助我们找出差距，弥补不足，将国外先进的关于大学生创新创业教育的经验融入我国教育教学中来，创建适合自身的创新创业实践教育体系，进而培养出实用型的创新创业人才，使得我国的创新创业教育能够快速步入世界发达国家之列。

第三节　新时期高校创新创业教育新模式构建

创新创业教育的关键在于提高大学生的创业意识与能力。具体来说，其教育目标在于使大学生具备以下素养：活跃的创业意识、出色的创业能力、扎实的创业知识、健康的创业心理。

一、创新创业教育新模式的构建原则

（一）主体性原则

主体性原则强调学生在创新创业教育中的主体作用，发挥其在整个过程中的主体性。新模式要求教师以学生为主体，因材施教，给予学生一定自主学习的空间，不断发掘每个学生身上的闪光点，使学生的优势得到最大程度的发挥，从而促进学生的自我发展与自我完善。

（二）创新性原则

创新精神是每个人所必须具备的品质，创造力对人们的学习、工作以及生活具有十分重要的意义。而创新创业教育更要注重对学生创新意识的激发，不止在创业中，在生活、学习等各个方面都需要具有创新性。所以新模式必须注重对学生创新精神的培养，充分激发学生的创造力，创新性是学生成功创业的基础。

（三）差异化原则

个性教育理论认为不同的学生存在个体差异性，所以大学生创新创业教育模式必须体现个性化教育的特点，反映学生发展中存在的差异。大学生在创业学习中必须认清自我，做到按照个体需要自我选择。例如高校可以先了解学生对于自主创业的想法，根据不同的专业、不同的年级等展开不同的创新创业教育。

（四）全面性原则

创新创业教育模式是在创新创业教学目标及原则的指导下，将教学课程、教学方式、教学成果等有机结合的简化方式。创新创业教育模式应指导创新创业教育的各个环节，教育目标、构建原则、课程内容、教学结构、教学对象等都应该表现在模式中，所以创新创业教育模式必须体现全面性原则。

（五）实践性原则

创业实践活动是创新创业教育中的重要环节，总体来说，创新创业教育具有实践性强的特点。所以创新创业教育必须坚持理论联系实际，不能脱离实际，不能“纸上谈兵”，这也就要求创新创业教育的教师应接受过专业培训，或具备创新创业经验。所以在创新创业教育模式中，教学课程要体现实践性的特点，鼓励学生多参与创业实践活动，不断提高学生的创业实践技能。

二、创新创业教育新模式的特点

（一）丰富性

在线课程的灵活性必然会导致教学内容的丰富性。互联网背景下的教育课程大大克服了传统课程教学的弊端，高校丰富的课程资源可以满足具有不同兴趣爱好的学生的创业需求。不仅创业课程具有丰富性，互联网背景下创新创业教育模式也比传统模式更为丰富，在课程、讲座、孵化场地等方面都可以结合互联网，为学生提供丰富多样的创业活动。

（二）灵活性

互联网背景下，在线课程是创新创业教育课程的核心。由于网络教学有别于传统课堂，教师不能面对面管理学生的上课纪律，所以创新创业课程必须引起学生的兴趣。这就要求创新创业课程具有灵活性，在教学内容、教师讲课风格等方面都进行灵活设置，学生可以根据兴趣进行选择。如学生可以选择自己感兴趣的创业方向、自己薄弱的创业课程等，真正地做到按需学习。

（三）实践性

创新创业教育是理论教育，但在某种程度上讲更是一种实践教育。高校在创新创业教育中，不仅要注重对学生传授创业理论知识，更要重视锻炼学生的创业实践技能。互联网背景下，高校在创新创业教育实践中应与政府部门、企业、孵化实践场地等多方开展深度合作。在传统创新创业教育开展创业大赛、创业专题讲座的基础上，高校通过政府的资金支持，与企业共建创业教育孵化基地，不断增强高校创新创业教育的实践性，从而培养高素质的创业人才。

三、互联网背景下高校创新创业教育新模式的构建

（一）创新创业教育理念的建设

新模式中的任何一个环节都是为了教育理念更好地实现，因此，高校构建

创新创业教育模式首先要树立科学正确的教育理念，为建设高素质的创业人才而努力。

传统的教育模式已经不适用于互联网背景，不能更好地激发大学生的创业热情，还间接增加了高校大学生毕业的就业压力。所以在创新创业教育新模式中，高校首先应树立全面的创新创业教育理念，再树立总体目标与分层目标。新模式下高校要转变教师和学生的创新创业教育观，注重培养学生的创业意识。在课程教学、实践活动、孵化基地中，将创业教育理念切实融入实际教学中去，推进大学生的综合素质的提高。通过调查，很多学生认为自己并不需要创新创业教育，创业是找不到工作的无奈选择。这说明学生对创新创业的真正内涵仍然模糊不清，与国家的期望还存在很大的差距，需进一步加强。

高校创新创业教育应树立总体目标与分层目标，这样能够更好地促进创新创业教育的实施。创业人才的培养是高校明确创新创业教育的最终目的，即总体目标。创新创业教育要始终围绕践行素质教育和培养创业人才的教育理念。创新创业教育和传统教育相比，的确具有特殊性，但指导理念与高校人才培养工作是基本一致的，创新创业教育必须融入高校人才培养模式中。

高校创新创业教育绝不是教育所有大学生都去创业，都去创办、管理、经营一家公司，这是不现实的。创新创业教育真正的目的是培养大学生的综合能力，最终使学生能够选择未来的工作岗位。所以，基于以上观点，笔者将互联网背景下高校大学生创新创业教育分为三个目标层次。

第一个分层目标是要培养具备良好创业素质的社会公民，这是最基本、也是最主要的目标，具有非常强的普适性。这一目标要求将创业精神和教育理念渗入学校的专业教育和创业教育中，贯穿于高校人才培养体系的全过程，使大学生能够适应未来社会的需要。

第二个分层目标是使大学生从“寻找工作岗位”转变为“岗位的创造者”。但这一层的创新创业教育目标主要针对部分有创业潜质的大学生，若想实现第二层目标，大学生必须具备专业的知识理论、创业技能以及健康的心理状态。大学生在激烈的就业竞争压力下，能够自主创业，并在一定条件下创建自己的事业，从而为他人提供工作岗位，缓解社会的就业压力。

第三个分层目标是使大学生成为成功的创业家。这一目标以少数准备创业的高校大学生为对象，他们具有敏锐的思维，清晰的思辨能力，坚持不懈的品质以及优秀的组织协调能力。在创新创业教育中，高校应该发掘学生身上的成功创业者的潜质，对这部分学生进行专门的培养，使其积极参与创业实践项目，最终成为具有社会责任感的优秀企业家。

（二）师资队伍的建设

创新创业教育是一个系统工程，要想成功开展创新创业教育就必须有雄厚的师资力量。师资是高校创新创业教育的重要力量。建立健全创新创业教育教师的选拔制度，可聘请优秀创业家作为兼职教师，定期为大学生进行创业教育培训，加强创新创业教育师资队伍建设。从调查结果能够发现，高校创新创业教育的教师专业理论性不强，实践能力较弱，教师水平相对较低，缺乏一支专业的创新创业教师队伍。所以高校必须建立一支具备专业理论知识、创业经验或接受过专业培训的专兼职创新创业教师队伍。

首先，师资队伍中的专职教师具有专业理论知识以及创业经验，学生日常的课堂教学、创业教育管理工作以及组织创业活动的开展都是专职教师的职责范围。高校应严格规范创业专职教师的招聘机制和引进人才机制，保证创业教师的质量，从而使学生在课堂学习中能够掌握创业的专业知识。

其次，高校应聘请有创业经验的业务教师借助互联网平台，担任在线课堂的指导教师，在线为学生提供网络创业视频讲座，以满足学生在课堂教学之外关于创新创业教育的需求。

最后，高校应积极从社会各界引进人才，如成功企业家、创业理论专家、创业投资家、创业咨询师、孵化管理者等，组成具有创业经验和管理经历的专业兼职教师团队，与校内专职教师共同组成创业教学团队。他们具有丰富的创业经历，可以为学生提供丰富的实践经验。而由于兼职教师的时间不充裕，没有固定时间，他们可以不定期在高校开展创业专题讲座，以及进行在线课程选修课的教学，从而让学生获得丰富的知识和高质量的创业指导。

（三）课程体系的建设

互联网背景下高校创新创业教育模式课程体系分为学科课程与实践课程。学科课程以科学文化知识为基础，将高校创新创业教育目标融入专业学科中，使学生具备专业的创业理论知识。学科课程分为必修课和选修课两部分。

必修课以培养具有良好的创业意识、专业的创业知识、健康的创业心理的高素质的大学生为目的。必修课要求高校全体学生必须学习，教学模式主要是课堂教学。必修课主要由以下课程组成。

第一，创业基础类课程。创业基础类课程是除专业知识以及公共基础课程之外，学习创业所需的基础理论知识。高校应根据不同专业的专业特性，在教学内容中融入创业基础类课程，如与经济管理类、财务管理、法律法规、计算机等相关的课程。

第二，创业心理培养课程。创业心理培养课程是培养大学生创业所需具备的积极健康的心理素质。积极健康的心理素质包括坚持目标不懈奋斗、吃苦耐劳的精神、团结协作的精神、对事情认真的态度、平和沉稳的心态，能够做好随时随地迎接困难的准备等特质，这些都是创业者所必备的素质。除了这些创业特质，大学生还应该热爱祖国、热爱家庭、热爱学习、热爱生活、热爱自己的事业，对家庭、对朋友、对自己具有强烈的责任感。针对一些性格相对内向的大学生，应帮助他们克服障碍。培养健康积极的心理是大学生创业成功的重要因素。

第三，创业者素质类课程。创业者素质类课程是通过课程教学培养大学生创业应具备的各种素质。与创业心理不同的是，创业素质是大学生通过后天的训练培养的。

第四，创业意识培养课程。创业意识是大学生创业、实现个人发展的基础条件。创业意识培养课程从大学生的思想与认识入手，包括培养敏锐的商机观察能力、风险预估与控制能力。创业意识培养课程应重视培养大学生的创业精神、创业兴趣、创业需求以及个人的就业观。所以，高校应从大一开始开设意识类课程，引导大学生真正了解创业的内涵。当大学生的创业意识形成后，可以根据大学生的个人就业观与创业需求进行职业选择，对于仍具有浓厚的创业兴趣的大学生可以继续选择具有深度的创业课程进行学习与研究。总之，创业意识培养课程能够培养大学生的创业精神、社会责任感与集体荣誉感，使大学生对创业有正确的价值认识。

第二类是选修课，选修课的教学对象是有创业意向的大学生，是为大学生对创业知识的进一步学习所开设的。选修课是必修课的延伸，是在必修课的基础上更为深入的创业教育课程。选修课注重的是大学生分析和处理问题的能力。

选修课专业性较强，大学生可以根据自己的兴趣与薄弱点选择所需要进一步学习的课程。这也就要求高校尽可能设置多门创业课程，满足不同大学生的需求。在互联网背景下，选修课程应由课堂教学和网上课程两部分结合而成，甚至应该以网上课程为主。选修课面对的是有创业意向的大学生，并不是面对所有大学生。对于有创业意向的大学生，高校更应该为他们提供充足的教学资源，只开设课堂教学是不够的，应该为他们开设更多的课程。所以，网上课程更适合开展选修课，选修课具体包括以下课程。

第一，创业技能课程。创业技能课程是指大学生创业所需的实用技能技巧课程，目的是解决创业过程中生产、经营等实际问题。创业技能课程应针对不同专业开设不同的选修课，让大学生自主选择需要学习的课程。

第二，创业指导课程。这类课程可以提高大学生的综合素质，也可以将创业指导融入就业指导的课程中。创业指导课程可选择在线课程，开设有关创业指导的网课内容，指导大学生创业。创业指导课程应与就业指导课程共同贯穿大学生学习的全过程。

创新创业教育不同于专业教育，具有实践性强的特点。实践课程是通过大学生亲身参与创业从而提升能力的教学活动。实践课程是创新创业教育模式中重要的方式之一，具体包括以下两方面。

第一，模拟实践。模拟实践是指大学生利用互联网的模拟技术，通过虚拟创建公司感受公司日常运营、项目开展的全部流程。大学生在实践中要模拟项目确定、筹集资金、组建团队、公司日常运营、开拓市场、组织协调等各环节，从而体会创业的全过程。

第二，创业实践。创业实践是利用实验室、孵化基地等开展的教学活动，可以增强大学生的创业实践能力。创业实践是学生理论结合实践的重要方式，通过孵化基地为大学生提供创业实践的平台，为他们提供实际的帮助。创业实践通过校企合作，让大学生参与到企业运营中，体验和感受创业的真实过程。

（四）课堂教学的建设

如今互联网全面普及，高校的创新创业教育也要相应改变，高校要不断完善创业教学管理体制。高校创新创业教育的教学应以学生为主体，在教学过程中不断发挥学生的主体性与创造性。所以，高校创新创业教育的教学过程应摒弃传统教学中教师与学生“教与被教”的关系，而是更加重视教师与学生互动的过程。教师不应一味地灌输知识理论，而是发掘学生的潜能，给予学生一定的自由，让学生成为课堂的主人，充分发挥学生的积极性与创造性。学生不应该被动地机械化学习，要学会学习，最后实现创新学习。

在考核方式上，创新创业教育模式要摒弃传统模式中单一用成绩来衡量学生的受教育情况。新模式的考核方式要大力推进多元化考核标准。如今，互联网全面普及，创新创业教育模式中的创业课程包括课堂教学和在线课程，所以不能再用单一的考试成绩对大学生的创新创业教育进行考核。必修课课堂学习的考核成绩，在线课程选修课的学习情况，以及大学生参与创业实践和模拟实践的完成度等，都是高校对大学生创新创业教育应考核的方面。单一将考试成绩作为考核方式严重违背了教育目标的多元化特征，不符合互联网时代大学生创新创业教育的要求，不利于教育的更好开展，更不符合当今社会发展的需要。

（五）创新创业教育环境的建设

高校应为学生创建完善的创新创业教育环境，以推进创新创业教育的实施。对于创新创业教育的校内环境，高校可组织学生开展一系列创业活动，除创业大赛外，还可开展网络模拟创业大赛、网络评比等活动，让更多的学生参与其中。高校还可以为学生提供除课程之外的关于创业的信息咨询，建立科学的创业教育管理平台，将创业工作纳入学习的重要议事日程，管理创业工作。例如，明确创业教育实施途径，组织创业活动，监督教学活动的开展，协调创业教育中的各个环节，组织协调各部门，实现创新创业教育成果的最大化。

对于创新创业教育的外部环境，高校可以与企业达成合作，组织学生到合作企业进行参观，让学生更加深入地了解企业的日常运营；还可以组织学生去企业实习，以了解企业。优化创新创业教育的外部环境是实施高校创新创业教育模式的重要举措。

大学生的创业思维需要和谐的环境来激活，所以高校应形成一种积极向上的、具有创新性的、和谐的校园氛围。校内文化环境是保障高校创新创业教育实施的关键条件。

（六）四要素协同合作

“四要素”分别为高校、孵化基地、企业以及政府。这“四要素”分别作用于大学生这个主体。高校为大学生提供创业知识与创业技能，从而培养人才；孵化基地为大学生创新创业教育提供创业培训，并提供实践场地；企业为大学生提供创业培训，在互联网线上教学中，还可以聘请创业成功的企业家进行授课，与学生们交流自己的创业经验；政府则对高校开展创新创业教育提供政策支持和资金供给。“四要素”的推进，将有力带动高校、孵化基地、企业以及政府这四者之间相互促进，有机结合，从而促进高校大学生创新创业教育新模式的实施。

四、推行互联网背景下创新创业教育模式的保障措施

（一）改善高校创新创业教育的宏观环境

“双创”环境下，政府、社会以及高校都更加鼓励大学生创业。政府出台的鼓励大学生创新创业的政策性文件越来越多，政策性文本是一种权利的体现，既是文本更是行动。这些文件是对大学生创新创业教育未来的指向。制度环境是所有环节正常实施的保障，高校应制定关于大学生创新创业的政策和制度，

鼓励和激发大学生的创业欲望。相关制度的完善是推进互联网背景下创新创业教育模式实施的重要保障力量。

（二）学校领导高度重视

高校成立了大学生创业指导中心、创业教育管理等相关部门。但总体而言，高校的管理相对混乱，没有明确的管理等级，容易造成部分工作无人管理或一份工作多人负责的不合理现象的发生，缺少层级明确的管理体系，不利于创新创业教育的推进。

高校领导要高度重视创新创业教育工作，坚持顶层设计。高校应成立创新创业教育管理委员会，由书记或校长任组长；主管教学、财务、科研的副校长或副书记为副组长、副主任；成员则由科研处、教务处、学工部、团委、人事处、财务处、机房等相关部门共同参与。高校要形成学校主要领导牵头，制定总体规划；分管领导负责具体工作；创新创业教育教师、相关管理人员和所有大学生积极参与的创新创业教育机制。其目的是引导正确的教育工作方向，监督创新创业教育工作的具体实施，形成自上而下的创新创业教育工作管理层级，保障创新创业教育工作的开展。

（三）加大经费投入，为高校创新创业教育提供基础性保障

加大经费投入是高校创新创业教育的基础性保障。经费投入包括政府拨款、社会企业提供经费支持、个人资金以及高校设置的专项经费等，这些都是对高校开展创新创业教育工作的保障。高校会支持部分有创业潜质并付诸实际行动的大学生，对他们进行深入的创新创业教育培养，提供部分资金支持，帮助他们创业。高校设置的创业专项基金能够保障大学生实践活动的顺利开展，其包括大学生创业项目的市场调查、创业培训、项目开展等。

为推进创新创业教学活动顺利实施，高校应设置创业基金管理机构来监督创业经费的合理使用。虽然高校会为部分有创业潜质的大学生提供资金支持，但为避免创业资金的浪费，就要依赖创业基金管理机构的帮助，机构会指导大学生合理使用创业资金，避免不必要的问题的产生。此外，机构还可向企业、社会等推广大学生自主创业项目，提高大学生自主创业项目的影响力，从而推进大学生创新创业的发展。

（四）充分借助社会资源

政府、社会应该充分利用各界资源，为高校大学生的创新创业教育提供相关服务，如可以成立校企合作平台。高校创新创业教育的实践活动除孵化基地

外，还可以向企业进行人才输送，构建由企业带头，社会各界组织广泛参与的大学生创业社会实践平台，为大学生提供更多的实习机会。

另外，在构建社会实践平台的基础上，高校还应该与以劳动和社会保障部门为主的社会相关部门进行合作，构建大学生创业服务体系。服务体系主要是针对有创业需求和疑惑的高校大学生，为他们提供与创业相关的信息咨询服务，使大学生在创新创业过程中少走弯路。高校构建各平台和体系都是为了保障高校创新创业教育的顺利实施，促进大学生创业，促进社会经济更快发展。

第五章　高校创新创业人才培养的现状与目标

创新创业人才的培养是建设创新型国家的客观要求。建设创新型国家，在很大程度上取决于创新创业人才的规模与质量，高校应明确创新创业人才培养的定位。

第一节　高校创新创业人才培养的现状

一、高校创新创业人才培养的发展

我国真正较完整地提出要重视创新创业人才的培养工作是在1999年教育部公布的《面向21世纪教育振兴行动计划》文件中，文件提出要加强对教师和学生的创新创业教育，鼓励他们自主创办高新技术企业。高等教育要重视培养大学生的创新能力、动手实践能力和创业精神，普遍提高大学生的人文素养和科学素养。2002年4月，教育部在清华大学、北京航空航天大学等9所高校开展创新创业教育试点工作，这是我国创新创业人才培养的开始。

2010年4月，教育部召开推进高校创新创业人才培养和大学生自主创业工作视频会议，创新创业人才培养要面向全体学生、结合专业教育、融入人才培养的全过程就是在这次会议上提出的。同年5月，教育部下发《关于大力推进高等学校创新创业教育和大学生自主创业工作的意见》，标志着我国的创新创业人才培养工作进入了教育行政部门指导下的发展阶段。

为了加快建设创新型国家的进程，发展高等工程教育，教育部颁发的《国家中长期教育改革和发展规划纲要（2010—2020年）》和《国家中长期人才发展规划纲要（2010—2020）》，提出了“卓越工程师教育培养计划”，并被列为重大的高等教育改革项目。同年6月，教育部启动了“卓越工程师教育培养计划”，旨在培养大批能够引领我国工程科技发展的创新型工程科技人才。

2012 年 7 月教育部下发《普通本科学校创业教育教学基本要求（试行）》，对普通本科学校的创新创业人才培养工作做出了部署，提出要面向所有大学生开展创新创业教育。从此，我国普通本科学校针对所有专业全面培养创新创业人才。

二、高校创新创业人才培养存在的问题

在创新创业人才培养的过程中，各高校虽然取得了一定成绩，但是，由于受传统文化、应试教育体制等因素的制约，我国高校培养出来的人才创新创业能力和实践能力不强，社会适应能力和参与国际竞争的能力较弱，我国各行各业的创新创业型人才紧缺，尤其是关键领域的高层次创新创业人才匮乏。我国高校目前的创新创业人才培养水平和人才状况，还不能完全适应国家的发展战略和经济社会发展的需要，同国际发达国家相比还有明显差距。统计数据表明，大学生创业的人数在整个大学生群体中所占的比例还不到 2%，远远低于发达国家大学生的创业比例。多年来，我国在创新创业人才培养的过程中存在着一些问题。

（一）创业动机和价值观引导不够，功利化倾向明显

由于中国高校的创新创业教育开展的一个重要原因在于急需解决庞大的毕业生就业问题，所以“以创业促就业”也就成为创新创业教育的“指挥棒”。在这样的导向下，难免会导致大学生创业动机和价值观的偏离。再加上当前大学生价值取向的多元化，创造财富、成为“人上人”便成了一部分创业大学生进行创业活动的动机。

同时，我们也发现一些大学生不同程度地存在着政治信仰迷茫、理想信念模糊、价值取向扭曲、诚信意识淡薄、社会责任感缺乏、艰苦奋斗精神淡化、团结协作观念较差、心理素质欠佳等核心价值观偏差问题，特别是一些大学生还产生了一夜成名等急功近利的想法。在创业的过程中或者准备创业时，有的大学生过分看重金钱和眼前利益，缺少当代青年应有的共同理想和担当精神。

此外，教育主体认识有失偏颇、教育方法不当、教育环境有待优化也是社会主义核心价值观指导下的大学生创新创业教育应该正视的问题。我国当前创新创业教育中存在这些问题的原因是多方面的。既有历史的原因，也有现实的原因；既有政府宏观层面上的原因，也有大学生个人微观层面上的原因；既有客观上的原因，也有主观上的原因。因此，分析原因，对症下药，加强社会主义核心价值观指导下的大学生创新创业教育也就成为高校的当务之急。从教育

内容来说，我们应将社会主义核心价值体系渗透到大学生的创新创业教育内容中去，并用以指导大学生创新创业的全过程。要教育大学生珍惜当前创业的美好时代，坚持马克思主义中国化最新成果的科学指导，增强大学生的社会责任感、创业意识和创业能力。帮助大学生正确分析和认识当前我国社会发展过程中的矛盾和冲突，使他们牢固树立中国特色社会主义共同理想。在创业之路上将个人理想与社会理想、个人需要与社会需要、个人命运与祖国前途、个人追求与人民期待紧密结合起来。加强大学生的民族精神教育，培养大学生的民族自尊心、自信心、自豪感，协调好个人利益与国家利益、个人创业与振兴民族的关系。培养他们锐意进取、敢为人先的改革创新精神，还要通过荣辱观教育，作用于大学生价值观的形成和培育过程，并以此作为道德标杆来规范和约束大学生的创业理念和行动。从教育机制来说，要从提高认知，启动需要机制；调动情感，启动激励机制；坚定信念，启动保障机制；磨炼意志，启动制约机制等方面入手。从教育原则来说，要贯彻晓之以理、动之以情、授之以实、导之以行等方面的原则。从教育途径来说，可从转变教育理念和模式、解读国家有关创业政策、帮助分析可行性创业项目、引导创业融资等方面介入。

（二）培养方式过于简单、没能细致个性化培养

当前，高校创新创业人才培养的主要途径是开设创业课程、举办创业知识讲座、组织创业计划大赛等，这些通识性培养方式对于普及创业基础知识具有积极的作用，但是，每个人的创业能力高低是和他的先天素质条件密切相关的。只有针对每一个人的不同条件开展针对性的个性化培养，才能最大限度地提升他的创新创业能力。按照当前高校现有的工作条件，要做到这一点相当困难。一方面，高校中从事创新创业人才培养工作的专职人员并不多，大部分教师都处于兼职状态，从人员分配来讲，实现个性化、“一对一”的创新创业培养比较困难。另一方面，从培养对象的特征来看，有高校类别、专业行业、所属区域等多方面的区别，复杂多样的群体属性决定了要形成针对性较强的大学生创新创业能力培养模式很难。

（三）当前高校的创新创业教育形式单一，重理论轻实践

在创新创业能力培养上缺乏系统的课程设置，创业教育与学科专业教育“两张皮”，没有真正融入学校整体教学体系之中，造成大学生在专业背景基础上难以形成合理的创业知识结构，而创新创业教育失去了学科专业这一最有力的依靠，俨然成为课外时间进行的“业余培训”，致使创业学子难以将所学的先进的科学技术知识进行合理转化。

大学生创新创业能力的提高离不开创新创业能力培养活动，间断性和点位式的专项性创新创业能力培养活动是大学生创新创业能力提升的重要途径。但是，在专项性创新创业能力培养活动的设计和实施方面，往往没有从大教育观的目标出发，没能立足于学校学科教育的具体情况，就创业论创业，从而导致创新创业能力培养活动与基础知识学习和能力素质拓展的脱节。大学生创新创业能力培养是一个全面和可持续提升的过程，必须通过融入专业教育和人才培养全过程，紧密联系大学生的学科背景才能取得实效。一方面，在将创新创业能力培养活动融入专业教育时，要求我们在熟悉学科教学内容的基础上，准确把握学科内在的创业知识，并通过专业教学课堂引导学生掌握创业知识；另一方面，在将创新创业能力培养活动融入人才培养全过程时，要求我们既要紧密结合大学生的年龄特征从纵向上分层设计创新创业能力培养活动，又要根据大学生的个人成长需求从横向上分类设计创新创业能力培养活动。创新创业能力培养活动融入了专业教育和人才培养全过程，涉及现有教育体制中人才培养规格、教育内容、教育方式和整个师资队伍的全面调整，是一个复杂的系统工程，需要统筹协调、逐步实现，难度较大。

（四）重创业知识传授，没能内化为学生的创新创业能力

当前，高校开展的创新创业能力培养活动更多是定位于“实质性的经营活动”或是“一般性的社会实践”，过多地偏重于对“创业学”知识的传递，教学的目标是培养职业经理人或是“高级白领”，而不是真正的“创业者”。这种简单的知识传授把创新与创造平庸化为单纯的技巧与操作，忽略创新能力和创业能力的深层内涵。事实上，大学生创业成功的过程是一个“发现、领悟、实践”的过程，让大学生简单地掌握创业的知识相对容易，但是让大学生领悟到创业成功的真谛，把握创业的科学规律，进而转化成创业的实际行动就很难了。第一，我国大学生创新创业能力的培养相对于西方发达国家起步较晚，近年来虽然有一部分学者、专家进行了一些有益的积极探索，但到目前为止还没有一个较为成熟的大学生创新创业能力培养模式，缺乏大学生创新创业能力培养的理论支撑。第二，目前承担我国大学生创新创业能力培养的教师主要由负责学生就业的一线工作人员和负责商学教育的专职教师担任，由于受工作岗位和个人经历的限制，难免会出现教学技能相对欠缺、创业实战经验缺乏的问题。第三，由于长期受应试教育的影响和创业能力培养的缺位，以及受目前我国大学生创业大环境的影响，大学生的创新创业意识淡薄，对于创业方面的知识只是当作学习任务来完成，而没有产生内在的需求，学习兴趣一直不高。第四，

大学生创新创业能力培养的方法与途径单一，往往停留在课堂教授、比赛、报告会等浅层次形式上，这种形式在一定程度上是表面化、情绪化的创新创业能力培养，效果来得快，去得也快，很难全面提高大学生的创新创业能力。

（五）高校在创新创业能力培养和提升上没能真正做到和社会需求接轨

培养大学生创新创业能力是为未来经济发展培养合格的企业家。大学生的创业是面向社会的，社会是真正检验大学生创业能力的场所，大学生创新创业能力的培养就是要以社会需求为基础，培养大学生适应社会、改变社会的能力。对于高校而言，因为高等教育有着完整的教育体系，所以如果只是关起门来，按照自己的意愿和想法进行大学生创新创业能力培养确实相对容易。但是，在实际工作中，往往会出现高校内部的创业能力培养活动热火朝天，而大学生创新创业能力得不到社会认可的尴尬局面。大学生创新创业能力培养与社会需求的有机衔接和高度匹配很困难。照本宣科式的大学生创新创业能力培养不能从根本上满足大学生创业的现实需求，不能适应复杂多变的创业环境。一方面，由于高校和社会缺少有效的对接和沟通机制，大学生创新创业能力的培养没有随着社会的发展而调整，往往滞后于社会发展的需求；另一方面，大多教师缺乏亲身参与创业实战的经历，对创业的理解仅停留在理论阶段。

三、高校创新创业人才培养存在问题的原因

（一）教育理念落后

教育理念具有引导定向教育实践的意义，教育理念决定着人才培养模式。我国高校提出要树立以学生为中心的教育理念，但在实际的教学活动中，以学生为中心的教学理念未能落实到位，而是更加倾向于以社会需求为本，相对而言，则在一定程度上忽视了对学生进行个性化的培养。此外，寻找正确答案的教育方式在我国的教育理念中已经根深蒂固，应试教育制度以教授学生寻找标准答案为方向，重理论轻实践，这种教育理念的结果就是学生是学会了如何寻找正确答案，但与此同时，却丧失了最为重要的创造性发散思维和创新能力。

（二）管理体制改革不到位

20 世纪 80 年代以来，政府通过权限下放，给予了地方政府和高校更多的管理权和自主权。但是，这种权限的下放只是把管理的重心下移，并未超出原有体制的范围。我国的区域发展不均衡，政府用相同的规范去约束各地的高等

教育，是不科学、不合理的，严重影响学校办学特色的形成。高校缺乏自主性和创新活力，办学无个性、无特色，这种缺乏办学特色的办学模式十分不利于创新创业人才的培养，培养出来的人才也都缺乏创新精神和创新能力。

（三）培养模式创新不够

发达国家高校的人才培养模式比较科学，以培养学生的个性发展作为明确的教育理念，把学生的个性培养放在人才培养的首位，人才培养制度具有“宽专业、厚基础、强能力”的特点。相比之下，我国高校采取的则是“窄专业、薄基础、弱能力”的人才培养方式。经过多年实践经验的总结，我国各地许多高校已经认识到传统的人才培养模式存在不足之处，纷纷开始借鉴国内外成功的创新创业教育经验，从人才培养模式的基本要素，即培养目标、培养内容、教学方法及评价体系着手改革人才培养模式。但是由于受传统教育观念、教育管理体制等因素的限制，人才培养模式的改革大多只是停留在口号上，创新创业的培育理念并未深入人心，创新创业课程设置不科学，缺乏系统性和科学性的本土化的优质创新创业教育教材，校内创新创业教学平台欠缺，校企产学研结合不紧密，加上创新创业人才培养模式的评价体系并未构建起来，所有这些因素导致创新创业人才培养模式的综合改革效果并不明显。虽然经过多年的改革，许多高校借鉴了发达国家的成功经验，但按专业招生与培养的情况并未改变。大学生一旦进入高校，就被分入十几个甚至几十个不同的院系，所学的知识也就被限定在院系中。例如，有些工科高校纯“机”、纯“电”人才培养模式的现象非常普遍。在教学方法上，创新创业教育较发达的国家采用的是探究及讨论式的教学方法。相比之下，我国多数高校还是采取以教师系统地讲授理论知识为主，在授课的过程中只是增加提问的次数或进行简单的讨论。此外，高校或用人单位对人才的评价也大多以所谓的标准答案及考试成绩定优劣，而这是极其不科学、不合理的。

（四）价值导向失衡

教学与科研是高校的两个重要职能，教学是立校之本，科研是强校之路，但在实际的工作中，高校往往不能站在客观的角度较均衡地处理两者的关系，教学和科研的价值导向失衡，多数高校普遍出现“重科研、轻教学”的现象。加上教学效果的内隐性和科研成果的速显性，使高校更加倾向于短期内即可有成效的科研工作，反而忽视了作为高校根本任务的人才培养工作。有些高校甚至为了使科研成果的等级和数量尽快取得突破，往往对科研采取倾斜政策，在课题的立项、科研经费的取得、职称晋升、收入的分配等方面，与教师的科研成果相挂钩，鼓励全校教师积极参与科研活动。教师把精力放在了申报课题、申请科研经费、发表论文和专著上，而教师的本职教学工作反而退居次要。在高校重科研、轻教学的大环境下，创新创业人才的培养是个难题。

第二节　高校创新创业人才培养的目标

人才培养目标决定着一种教育的性质，也决定着该类教育改革与发展的方向。进入 21 世纪，中国高等教育受到国家政治、经济政策发展的影响，得到了迅速发展，高等教育在发展中逐渐呈现出内涵式发展倾向。面对社会经济发展的新形势与新要求，为了充分发挥高等教育在社会人才培养方面的作用和价值，国务院办公厅《关于深化高等学校创新创业教育改革的实施意见》对高校创新创业教育的发展目标给出了明确的定位。

一、高校创新创业人才培养的总体要求

高校要全面贯彻党的教育方针，落实立德树人的根本任务，坚持创新引领创业、创业带动就业，主动适应经济发展新常态，以推进素质教育为主题，以提高人才培养质量为核心，以创新人才培养机制为重点，以完善条件和政策保障为支撑，促进高等教育与科技、经济、社会紧密结合，加快培养规模宏大、富有创新精神、勇于投身实践的创新创业人才队伍，不断提高高等教育对稳增长、促改革、调结构、惠民生的贡献度，为建设创新型国家、实现“两个一百年”奋斗目标和中华民族伟大复兴的中国梦提供强大的人才智力支撑。具体要求如下。

（一）坚持育人为本，提高培养质量

把深化高校创新创业教育改革作为推进高等教育综合改革的突破口，树立先进的创新创业教育理念，面向全体、分类施教、结合专业、强化实践，促进学生全面发展，提升人力资本素质，努力造就大众创业、万众创新的生力军。

（二）坚持问题导向，补齐培养短板

把解决高校创新创业教育存在的突出问题作为深化高校创新创业教育改革的着力点，融入人才培养体系，丰富课程、创新教法、强化师资、改进帮扶，推进教学、科研、实践紧密结合，突破人才培养薄弱环节，增强学生的创新精神、创业意识和创新创业能力。

（三）坚持协同推进，汇聚培养合力

把完善高校创新创业教育体制机制作为深化高校创新创业教育改革的支撑点，集聚创新创业教育要素与资源，统一领导、齐抓共管、开放合作、全员参与，形成全社会关心支持创新创业教育和学生创新创业的良好生态环境。

二、高校创新创业人才培养的目标任务

（一）完善人才培养质量标准

制定实施本科专业类教学质量国家标准，修订实施高职高专专业教学标准和博士、硕士学位基本要求，明确高职高专、本科、研究生创新创业教育目标要求，使创新精神、创业意识和创新创业能力成为评价人才培养质量的重要指标。相关部门、科研院所、行业企业要制定（修订）专业人才评价标准，细化创新创业素质能力要求。不同层次、类型、区域的高校要结合办学定位、服务面向和创新创业教育目标要求，制定专业教学质量标准，修订人才培养方案。

（二）创新人才培养机制

实施高校毕业生就业和重点产业人才供需年度报告制度，完善学科专业预警、退出管理办法，探索建立需求导向的学科专业结构和创业就业导向的人才培养类型结构调整新机制，促进人才培养与经济社会发展、创业就业需求紧密对接。深入实施系列“卓越计划”、科教结合协同育人行动计划等，多形式举办创新创业教育实验班，探索建立校校、校企、校地、校所及国际合作的协同育人新机制，积极吸引社会资源和国外优质教育资源投入创新创业人才培养。

（三）健全创新创业教育课程体系

各高校要根据人才培养定位和创新创业教育目标要求，促进专业教育与创新创业教育有机融合，调整专业课程设置，挖掘和充实各类专业课程的创新创业教育资源，在传授专业知识过程中加强创新创业教育。面向全体学生开发开设研究方法、学科前沿、创业基础、就业创业指导等方面的必修课和选修课，纳入学分管理，建设依次递进、有机衔接、科学合理的创新创业教育专门课程群。各地区、各高校要加快创新创业教育优质课程信息化建设，推出一批资源共享的慕课、视频公开课等在线开放课程。建立在线开放课程学习认证和学分认定制度。组织学科带头人、行业企业优秀人才，联合编写具有科学性、先进性、适用性的创新创业教育重点教材。

（四）改革教学方法和考核方式

各高校要广泛开展启发式、讨论式、参与式教学，扩大小班化教学覆盖面，推动教师把国际前沿学术发展、最新研究成果和实践经验融入课堂教学，注重培养学生的批判性和创造性思维，激发创新创业灵感。运用大数据技术，掌握不同学生学习需求和规律，为学生自主学习提供更加丰富多样的教育资源。改革考试考核内容和方式，注重考查学生运用知识分析、解决问题的能力，探索非标准答案考试，破除“高分低能”积弊。

（五）强化创新创业实践

各高校要加强专业实验室、虚拟仿真实验室、创业实验室和训练中心建设，促进实验教学平台共享。各地区、各高校科技创新资源原则上向全体在校学生开放，开放情况纳入各类研究基地、重点实验室、科技园评估标准。鼓励各地区、各高校充分利用各种资源建设大学科技园、大学生创业园、创业孵化基地和小微企业创业基地，作为创新创业教育实践平台，建好一批大学生校外实践教育基地、创业示范基地、科技创业实习基地和职业院校实训基地。完善国家、地方、高校三级创新创业实训教学体系，深入实施大学生创新创业训练计划，扩大覆盖面，促进项目落地转化。举办全国大学生创新创业大赛，办好全国职业院校技能大赛，支持举办各类科技创新、创意设计、创业计划等专题竞赛。支持高校学生成立创新创业协会、创业俱乐部等社团，举办创新创业讲座论坛，开展创新创业实践。

（六）改革教学和学籍管理制度

各高校要设置合理的创新创业学分，建立创新创业学分积累与转换制度，探索将学生开展创新实验、发表论文、获得专利和自主创业等情况折算为学分，将学生参与课题研究、项目实验等活动认定为课堂学习。为有意愿、有潜质的学生制订创新创业能力培养计划，建立创新创业档案和成绩单，客观记录并量化评价学生开展创新创业活动的情况。优先支持参与创新创业的学生转入相关专业学习。实施弹性学制，放宽学生修业年限，允许调整学业进程、保留学籍休学进行创新创业。设立创新创业奖学金，并在现有相关评优评先项目中拿出一定比例的奖学金用于表彰优秀的学生。

（七）加强教师创新创业教育教学能力建设

各地区、各高校要明确全体教师创新创业教育的责任，完善专业技术职务评聘和绩效考核标准，加强创新创业教育的考核评价。加强创新创业教育与创业就业指导专职教师队伍建设，并建立定期考核、淘汰制度。聘请知名科学家、创业成功者、企业家、风险投资人等各行各业优秀人才，担任专业课、创新创业课授课或指导教师，并制定兼职教师管理规范，形成全国万名优秀创新创业导师人才库。将提高高校教师创新创业教育的意识和能力作为岗前培训、课程轮训、骨干研修的重要内容，建立相关专业教师、创新创业教育专职教师到行业企业挂职锻炼的制度。加快完善高校科技成果处置和收益分配机制，支持教师以对外转让、合作转化、作价入股、自主创业等形式将科技成果产业化，并鼓励教师带领学生创新创业。

（八）改进学生创业指导服务

各地区、各高校要建立健全学生创业指导服务专门机构，做到“机构、人员、场地、经费”四到位，对自主创业学生实行持续帮扶、全程指导一站式服务。健全持续化信息服务制度，完善全国大学生创业服务网功能，建立地方、高校两级信息服务平台，为学生实时提供国家政策、市场动向等信息，并做好创业项目对接、知识产权交易等服务。各地区、各有关部门要积极落实高校学生创业培训政策，研发适合学生特点的创业培训课程，建设网络培训平台。鼓励高校自主编制专项培训计划，或与有条件的教育培训机构、行业协会、群团组织、企业联合开发创业培训项目。各地区和具备条件的行业协会要针对区域需求、行业发展，发布创业项目指南，引导高校学生识别创业机会、捕捉创业商机。

（九）完善创新创业资金支持和政策保障体系

各地区、各有关部门要整合发展财政和社会资金，支持高校学生创新创业活动。各高校要优化经费支出结构，多渠道统筹安排资金，支持创新创业教育教学，资助学生创新创业项目。中国教育发展基金会设立大学生创新创业教育奖励基金，用于奖励对创新创业教育做出贡献的单位。鼓励社会组织、公益团体、企事业单位和个人设立大学生创业风险基金，以多种形式向自主创业大学生提供资金支持，提高扶持资金使用效益。深入实施新一轮大学生创业引领计划，落实各项扶持政策和服务措施，重点支持大学生到新兴产业创业。有关部门要加快制定有利于互联网创业的扶持政策。

三、高校创新创业人才培养的目标体系

确定高校创新创业人才培养的模式，应根据高校的不同类型、学生的不同特点和需求、创业实践和创业环境的不同特点设定系统化的创新创业人才培养目标，并将人才培养模式依据目标和方向不同，分为横向目标体系、纵向目标

体系和多重目标体系，对目标进行考量，最终建构起适应高校创新创业人才培养的目标体系。

横向目标体系是指依据特定的指向作为高校创新创业人才培养的目标。一般情况下，可以将其分为创业能力目标、知识目标、人格目标等。创业能力目标体现在创业涉及的活动效率上，员工的能力往往决定了企业的活动效率，能力是创业是否成功的主要保证。任何成功的创业都和其专业的经济管理知识无法分离开来。知识是创业的基础，是人才能力培养的基本保证。而员工是否具有适合企业发展的人格，对企业而言十分关键，因此，对企业员工人格目标的掌握，可以有效调整企业员工的工作动机。

纵向目标体系是指将培养高校创业人才的实践能力作为高校创新创业人才培养的目标。一般情况下，可以将其划分为理解创业行为，掌握创业能力，实施创业能力。要使学生理解创业行为，对学生进行理解培养是十分必要的，如果学生无法理解创业，无论其是否具有创业能力，都无法实现创业。应使学生掌握创业能力，明了创业的内在规律、涉及的法律问题、风险论证等，使学生在未来能更好地理性规划其职业生涯，只有这样，才能使学生在特定的环境下具有创业的能力。

多重目标体系。高校创新创业人才培养并不是一个完全独立的教学项目，各高校体制与专业设置不同，因此，应从高校自身发展需求出发，结合本校学生特点，发挥专业设置优势，构建多重创业教育目标体系，在满足学生发展需求的同时，体现新时期高校创新创业教育的普惠性，培养学生的各项创业能力。

第六章　高校创新创业人才培养的模式

新旧动能转换背景下，创新创业人才培养模式的改革势在必行。原有培养主体单一、培养模式僵化、课程体系老化等问题严重影响了创新创业人才培养，不能满足社会对创新创业人才的需求。高校应积极协同政府、企业，明确创新创业人才培养目标，确定培养路径，实现校政企三方的合作与互补，推进创新创业人才培养模式的发展。

第一节　高校创新创业人才培养的规格

一、多元的知识结构

（一）精通本专业领域的知识

我国高校培养的创新创业人才必须能够比较系统地掌握本专业领域扎实的基础理论知识及动手实践知识，掌握工程科学原理等本专业基础知识，对本专业大多数领域的相关知识有所了解；深刻理解本专业业务流程，能够洞察其深层次问题并结合具体实际情况给出相应的解决方案；善于将本专业领域与其他相关知识领域紧密联系起来，综合运用专业理论知识与实践知识解决创新创业实践中遇到的问题，排除障碍，不断实现产品创新、技术创新、理念创新和管理创新。

（二）具有良好的人文修养

未来社会的创新创业人才必须能够掌握基础的人文知识、法律知识、历史知识、哲学知识、艺术知识等，了解中国传统文化和世界文化的精髓，具有良好的人文素质修养。由于教育的专门化，加强人文素养教育将在很大程度上改变各专门人才的单向倾向，使得学生既有科学素养，又富有人文精神，既有专业知识储备，又有健全人格。学生会从多个角度看待问题，有利于发现创新点，在创新创业的过程中取得创造性的成果。

（三）具备多语种沟通能力

高素质的创新创业人才必须熟练掌握两门以上的外语，必须具有扎实的外语基础，掌握良好且行之有效的语言学习的方法，精通外语语音、词汇、语义等方面的知识，具备较强的听说能力和读写能力，能够熟练运用外语进行顺畅的沟通和交流，具有和他人沟通及进行国际交往的能力。只有具备了多语种沟通的能力，才能拥有在经济全球化的浪潮中顺利解决创新创业过程中遇到的困难的前提条件。

二、突出的实践能力

在能够熟练掌握扎实的专业理论知识和实践知识的前提下，创新创业人才必须具备理论联系实际的能力，将理论知识及实践知识灵活应用到具体工作中，只有在运用知识和理论的过程中，才能体现创新能力。在知识应用的过程中学以致用，独立思考问题并创造性地运用有效方式解决问题。

三、较强的创新意识

（一）新颖的创新思维

对培养的创新创业人才的要求在创新方面体现为，针对某项特定的问题，创新创业人才必须能够打破常规思维的局限，具有独到的见解，提出与他人不同的创造性意见或解决方案，从而产生新颖独到的思维成果。

（二）敏锐的创业意识

创业意识是创新创业人才从事创新创业活动的强大主观内驱力，是创业活动中起动力作用的个性因素。创业意识包括敏锐的商机意识、将商机转化为现实生产力的意识、创业的战略意识、规避风险的意识和敬业意识等。创业意识的要素包括不满于现状的创业需要、追求成功的创业动机、浓厚的创业兴趣和一定时间内稳定的创业理想等。

（三）熟练的创新技能

创新创业人才必须是具有一定创新性的技能型人才，必须具有综合运用理论知识，在科学技术、管理等各种实践活动中不断提供具有经济价值和社会价值的新思想、新理论、新方法和新发明的创新技能。创新创业人才必须具有强烈的创新欲望和较强的创新能力、博专结合的专业理论知识和精湛的专业技能。

（四）灵敏的商业经营意识

高校培养的创新创业人才必须具有足够的市场敏锐度及强烈的创新创业意识，具备宏观地审视经济环境的能力，能够洞察未来一段时间内市场形势的走向，将好的创新意识孵化出商机，从而保证企业的持续发展并驱动经济社会发展。创新创业人才必须掌握灵活机动的商业经营谋略，掌握商业营销的基本理论与原则，能够从宏观的角度权衡各种商业经营模式的利弊，具有诚实守信的商业经营作风。

四、较强的适应社会的能力

（一）社会责任感

社会责任感是每个公民都必须具备的基本道德品质。对于能够在经济全球化浪潮中生存并发展的高校创新创业人才来说，具有服务于国家和人民的至高无上的社会责任感显得尤为重要。社会责任感包括自我责任感、家庭责任感、他人责任感和集体责任感。作为未来社会中坚力量的高校创新创业人才，更应具备强烈的社会责任感，对待工作始终保持专业的态度，具有保护环境、保护国家财产安全的意识，在大是大非面前不被金钱或利益所迷惑，始终将对国家和社会的责任感铭记于心。

（二）团队协作精神

在创新创业的过程中，不可能所有的工作都由一个人来完成，而是需要团队齐心协力共同合作。未来经济社会对高校创新创业人才的团队协作精神提出了更高的要求，培养高校创新创业人才的团队精神是适应社会经济发展的需要。尊重团队中每个人的兴趣和成就是团队协作精神的基础，所有成员齐心协同协作是团队协作精神的核心，全体成员的向心力与凝聚力是团队协作精神的最高境界，团队协作精神反映的是个体利益和整体利益的统一。团队中每个人都应该意识到协作精神的重要性，并且具备协调团队内部各个成员关系的沟通协调能力。只有团队的每个成员都具备团队协作精神，才能保证组织的高效率运转。

（三）终身学习的能力

随着我国高等教育大众化中后期进程的不断推进，高校创新创业人才的学习时限也必然从单纯的学校教育扩展为终身学习。高校创新创业人才应具有随时随地主动学习的意识，并且具有利用书籍、网络等工具学习知识的能力，善于与他人交流学习经验。只有具备终身学习的能力，才能跟上日新月异的知识更新速度，适应未来经济社会的需要。终身学习能力是构建学习化社会的基石，有助于提高社会成员的整体素质，为促进学习型社会的形成提供强有力的人才支持。政府应支持终身学习公共服务平台的构建，为创新创业人才提供资源整合的学习支持服务系统。

（四）适应环境的能力

面对变化莫测的经济环境和激烈的市场竞争，以及随时出现的需要正确迅速解决的问题和困难，高校创新创业人才需要有比普通人更强的适应环境的能力，要有更强的心理调控能力，能够保持积极而沉稳的心态。创新创业之路充满艰辛与曲折，只有具有适应环境的能力，在创新创业的道路上才会更容易成功。否则，一遇到挫折就垂头丧气、一蹶不振，在创新创业道路上只能半途而废。

第二节　国外高校创新创业人才培养模式的特点及启示

一、国外高校创新创业人才培养模式的特点

（一）美国高校创新创业人才培养模式的特点

世界上最早开展创新创业教育的国家是美国。20 世纪 70 年代中期，美国出现繁荣的创业经济，并处于世界领先地位。创业在促进经济增长、增加就业、推动社会进步等方面的作用日益显现，越来越受到美国政府的高度重视。创业经济的迅速发展强有力地推动了美国高校创新创业教育的发展。20 世纪 80 年代，创新创业教育开始面向全体学生，美国高校普遍开设创新创业教育课程，目的是培养学生的创新创业精神，提高学生的创新创业能力，提升学生的创新创业综合素质。美国极富代表性的创业学校是连续 15 年排名全美第一、专注从事创新与创业教育的百森商学院。学院的杰弗里·蒂蒙斯教授是美国创新创业教育领域的领军人物，美国各高校普遍认同的创业教育课程的标准就是他所设计的创业教育课程方案。除此之外，美国的社区大学是培养受教育者创业能力的主要部门。社区大学同劳动力市场紧密结合，开设小企业课程、创办公司计划的写作课程与创业学课程，提供涵盖公司创业信息的课程。

高校开展的创新创业人才培养工作已经成为促进美国经济社会发展和推动美国科技进步的主要动力。经过 70 多年的发展，创业创新教育在美国已经非常成熟，美国创新创业人才培养模式的特点主要体现在以下几个方面。

1. 坚持“一个中心、三个结合”

“一个中心”即以学生为中心。“以学生为中心”的理念充分体现了美国高校“以学生为主体，尊重个体差异，注重个性发展”的教育理念，高校在学术方面给予学生充分的自由，学生在学业上享有最大限度的自主权。1998 年 10 月，联合国教科文组织将“以学生为中心”这一理念写入世界高等教育大会宣言。“三个结合”即自然科学与人文科学相结合、课内与课外相结合、教学与研究相结合。“三个结合”体现了美国高校重基础、重能力、重素质的教育理念。

2. 提供跨学科学习平台

为改善学生的知识结构和思维结构，美国高校成立了跨学科教学中心，多途径促进学生跨学科学习，如实行主辅修制或双专业、双学位制，并为学生提供内容丰富的主辅修专业和交叉学科课程。除此之外，美国高校实行住宿学院制，即不同专业、不同年级的学生混合住宿的住宿模式。住宿学院制有利于不同专业的学生间实现跨学科的交流，帮助学生潜移默化地完善其知识结构，并且有利于加强学生的自我管理。住宿学院利用业余时间组织各种针对不同学科的学术性或教育性活动，为学生提供免费的教学咨询和课程选择等服务，并为学生间实现跨学科交流提供了广阔的平台。

3. 学生自主选择专业和课程

个性化是培养学生创造力的基础，而让学生自主选择专业和课程的制度正是一种个性化的教育制度。美国各个高校的实际情况不同，专业选择制度和选课制度的具体做法也不尽相同。美国高校灵活的选课制打破了专业、院系之间的壁垒，学生选课不受年级、科系的限制，最大限度地满足了学生自主学习的需要，尊重了学生的兴趣，发展了学生的个性，而兴趣和个性正是创新创业的前提。

4. 注重科研训练和创新创业实践

美国高校非常重视对学生进行科研训练，通过参加科研训练来培养学生的科研意识，快速有效地提高学生的科研能力。各个高校在科研训练方面的做法各具特色，例如：斯坦福大学制定了“斯坦福本科生研究机会方案”，鼓励本科生以独立或团队合作的方式完成科研项目；芝加哥大学采用的是本科生与研究生、博士生及不同层次的研究员一起参与到具体的科研项目的做法；麻省理工学院利用课余时间及假期实施“本科研究导向计划”“本科实践导向计划”

和“技术创业计划”，这三项课外实践计划在培养学生的实践能力、创新创业能力和科研能力等方面发挥了巨大的作用。

（二）英国高校创新创业人才培养模式的特点

1987年，英国政府发起“高等教育创业计划”，目的在于促进高校培养大学生的创新创业能力。2001年，英国政府建立英国科学创业中心来管理实施创新创业教育。创新创业教育的指导思想树立后，英国政府相继出台了一系列政策法规，为开展创新创业教育铺平道路。

与中国高校相比，英国的高校授课时长短，但课后学生自学的时间较多，每堂课后都会有2～3次小组讨论课，从而引导学生思考和学习，培养学生的探究能力和创新思维。除此之外，英国高校创新创业人才培养模式还具有以下特点。

1. 教学内容新，信息量大

英国的高校实施综合课程教学，高校的专业课程很少使用统一的教材，各科主讲教师会结合学科前沿提供各具特色的教学内容，在教学时往往参考大量的教材及文献。教师会融入自己的科研心得，并注重将最先进的学科知识传授给学生，教学内容更新较快。教师在教授学生基础理论知识的同时，也特别重视与学生探讨学科发展趋势。

2. 注重实践能力的培养

英国的高校十分注重培养学生的动手实践能力和创新创业能力。英国高校的工程类专业所安排的课程有实验、工程设计和课程设计，目的就是培养学生的动手实践能力。为了提高学生的创新创业能力，英国政府启动了创新创业基金，建立了各类大学生创新创业项目，鼓励学生积极踊跃地参加创新创业实践活动，为提高学生运用理论解决实际问题的能力和创新创业能力打下坚实的基础。

3. 注重训练学生的开放性思维能力

17世纪英国哲学家洛克提出教育的重要性是使人适应生活、适应世界，而不是适应高校。如今，英国高校一直秉承着这一教育思想。为了使学生适应将来的工作和社会的发展，高校将训练学生的重点放在培养学生的开放性思维能力上。课堂上，教师采取启发式、讨论式等教学方式来培养学生的质疑精神和开放性思维。

4. 实行导师制

英国高校非常重视教师在创新创业人才培养中的作用。英国高校实行导师制的目的是针对每个学生不同的情况因材施教，有利于高校实施个性化培养。每位教师担当 2 ～ 3 名学生的导师，也有的担当 5 ～ 6 名学生的导师。导师每周一般会安排半天到一天的时间来解答学生学习上遇到的疑难问题，与学生进行面对面的交流，师生间平等讨论。

（三）法国高校创新创业人才培养模式的特点

法国的高校主要有综合高校和高等专业学院，而创新创业人才培养的特色主要体现在高等专业学院针对高级专业人才的培养上，高等专业学院比综合高校享有更高的声誉。高等专业学院又称“大学校”，包括工程师学院、师范学院、商业管理学院和政治学院等，专门培养高级专业人才。法国现有 300 多个高等专业学院，这些高等专业学院大多同企业有着密切的联系，与企业合作育人。高等专业学院的规模一般都不是很大，但是人才培养水平比较高，长期以来培养了一大批工程、经济、政治等领域的精英人才，肩负着法国高端创新创业人才培养的任务。

法国高校的创新创业人才培养极具特色，法国明确地将人才培养目标定位为培养具有广阔视野的国际化人才。学校前两年不分专业，学生统一学习广泛的基础课程，教学规范并且严格，目的是奠定学生扎实的学科理论基础。两年之后，学生再根据学业状况和自身的兴趣进行专业的学习。第三学年开设创业课程，学生要在系统学习创业相关知识的基础上，向专业评审团陈述自己的创业计划。之后的一年内，有专家跟踪指导其创业计划，在专家的帮助下，许多学生的创业计划都获得了成功。法国的高校真正成为大学生创业的孵化器，法国的高校与很多大企业都有着紧密的联系，企业不仅接纳学生实习，还参与学校的教学和学术管理。高校的工程类专业几乎有将近 20% 的工程师课程由企业的工程师执业人员承担。法国的高校非常注重学生的多元化培养，近几年来不仅与美洲、欧洲等高校紧密合作，也与亚洲的很多国家的高校开展了密切的交流与合作。

二、国外高校创新创业人才培养模式的启示

（一）先进的教育理念是培养创新创业人才的先导

新工业革命时代是一个充满创新的时代，需要一大批个性鲜明的创新创业人才来支撑。丰富的个性发展是创新精神和创业能力的源泉，为了培养学生的

创造性思维，激发学生的创新创业潜能，必须首先更新传统的教育理念。美国高校的创新创业人才培养之所以能取得巨大的成功，就是因为真正树立了以学生为中心的教育理念，这是培养创新创业人才的基本前提。要实现以管控学生的观念向以学生为中心的观念的改变，从传统的“传道、授业、解惑”的教育观念向以提高素质和能力为主要目标的教育观念的转变，从整齐划一的教育观念向特色化、个性化的教育观念转变。只有真正树立了以学生为中心的教育理念，以学生的全面发展和个性发展为出发点和落脚点，才能给学生个性的健康发展提供宽松的空间，才能在创新创业人才培养模式的培养目标、课程体系、教学方法、评价制度等各个环节上体现个性化教育的内涵，才能真正把个性化教育落到实处，从而对学生的创新创业能力的提升产生深刻而持久的影响，培养出真正意义上的创新创业人才。

（二）管理体制是培养创新创业人才的根本

教育管理体制是我国高校整个教育体制得以构成和运行的基本保障，它对学校教育管理体制改革及其发展的方向、速度和规模等都有直接的影响。构建创新创业人才培养模式的根本是改革陈旧的教育管理体制。在构建创新创业人才培养模式的进程中，高等教育行政管理体制改革的方向是政府要简政放权，管理职能、办学职能、评价职能相分离，建立新的教育治理机构，真正使管、办、评三大职能推动高校创新创业人才培养水平的提高。着力落实和扩大高校办学自主权，明确高校办学责任，增强高校办学活力，从而推动创新创业人才培养模式的创新，使高校掌握更多的办学自主权，改变过去政府包揽办学的格局，逐步建立以政府办学为主体，社会各界共同办学的创新创业人才培养体制。美国及英国等发达国家给予高校充分自主权的做法值得我国借鉴。除此之外，应抓好办学体制改革，形成不同所有制学校平等竞争的机制，促进高校创新，共同发展。

（三）培养模式是创新创业人才培养的关键

高校肩负着为国家培养创新创业人才的重任，需结合自身实际，积极探索构建适合国情，具有自身特色的创新创业人才培养模式。改革创新创业人才培养模式应从人才培养模式的三大要素入手。一是培养目标要素，主要是树立以学生为本的教育理念。二是培养内容要素，要增加创新创业实例教学，构建多层次的、全方位的实践教学体系，制订和实施实践教学计划。构建创新创业人才培养模式主要应抓好教学方法的改革，要以完善学分制为突破口，在教师中建立竞争和激励机制，推进教学方法的改革，实现从传统的知识灌输式的教育方法向启发式、探究式、讨论式等方法转变。在教学过程中，加强师生互动，鼓励学生大胆质疑，师生之间互相启发，彼此促进。三是评价体系要素，要改变以成绩论学生素质高低的现状，构建多元化的创新创业人才评价体系。以提高实践教学质量为核心，以合作育人、合作发展为主线，走产学研合作发展的道路，不断拓展高校与企业之间、高校与科研院所之间的合作，推进教育教学与生产劳动和社会实践的紧密结合。

（四）价值导向影响创新创业人才培养的路径选择

教学与科研是高校的两个重要职能，教学质量是高校的生命线，科研是高校创新的源泉，两者共存于高校这一特定的环境中，共同构建了高校的育人和创新环境。对于高校而言，教学与科研应是一个系统的整体，两者相辅相成，互为促进。《中华人民共和国高等教育法》明确规定，高校要以培养人才为中心，并保证教育教学质量达到国家规定的标准。人才培养是高等教育的根本任务和本质要求，人才培养质量是衡量高校办学水平的最主要标准，而教学是实施人才培养的主要环节。以培养人才为中心，提高教学质量，就必须把教学置于优先的地位，要牢固树立人才培养在高校工作中的中心地位，一切工作都要服从和服务于学生的成长成才，改变重科研、轻教学，重学科、轻育人的现象。高校结合自身办学实际，找到教学与科研的最佳结合点，为科研准确定位。不同类型、不同条件的高校在科研工作安排上应各有侧重，逐步形成特色。

第三节　高校创新创业人才培养模式的构建

一、构建高校创新创业人才培养模式的基本原则

（一）创新创业教育与专业教育相融合

创新创业教育与专业教育的关系是相辅相成的。创新创业教育不能孤立地进行，而是应该依赖于专业教育。人的创造性是在专业知识、科学知识和人文知识的传授过程中潜移默化地生成的。学校应采取相应的措施，鼓励教师在对学生进行专业知识的传授过程中，自然地将创新创业教育渗透进去。要从专业人才培养方案和课程体系的各个环节入手，将创新创业教育纳入专业教育的人才培养体系中，促使创新创业教育与专业教育有机地融合起来，使高校的整个创新创业教育在统一的框架下规划和实施。

（二）理论与实践相结合

理论教学与实践教学在高校创新创业人才的培养过程中是不可分割的，两者共同服务于高校创新创业型人才培养。理论教学重在传授理论知识，学生只有在扎实地掌握知识的基础上，才能将所学知识付诸实践，养成较强的动手实践能力。实践教学重在培养学生的动手实践能力，在学生动手能力形成的过程中，从而对头脑中所掌握的理论知识有更深层次的理解。创新创业教育既要重视对理论知识的传授，又要强化对学生实践能力的培养，切实提高学生的创新创业能力。

（三）校企产学研合作协同培养

高校创新创业人才的培养是一个系统而复杂的工程，需要多方协作，尤其需要企业界参加，才能形成一个完整的人才培养链。产学研协同培养创新创业人才的教育模式，是当今世界高等教育、科技和经济社会综合发展的产物，也是世界各国公认的高校创新创业人才培养模式的最优选择。建立高校与企业联合培养创新创业人才的机制，在企业建立学生实践基地，为学生提供更加丰富多彩的实习实训。通过产学研紧密合作，企业已不再只是传统意义上的用人单位，而是与学校共同培养创新创业人才的联合培养单位。在实践教学的过程中，引入以项目为基础的教学，以改变传统的相对比较古板的教学模式，将真实的项目带到教学中来，使学生参与项目的设计、运作等各个环节，激发学生的创新创业意识，切实地提高学生的创新创业能力。学生在企业实习，“真刀真枪”地进行毕业设计。对于高校而言，通过与企业界之间的紧密合作，学生能够更直观地了解并掌握科研方法，在生产第一线可以较快地掌握相关产业新技术、新工艺的最新动态，从而具备了将高校的潜在生产力转化为现实生产力的前提条件。对于产业界而言，高校的人才和科研成果可以为企业的生存和发展提供技术上的强大支持，从而快速有效地提高企业的知名度，更好地吸纳优秀的高校毕业生。

（四）坚持开放办学

传统的人才培养模式将教学活动封闭在课堂内，这种闭塞的人才培养模式已不再适应当今社会的发展。发达国家高校人才培养模式改革成功所取得的经验告诉我们：要想提高高等教育的办学质量，构建高校创新创业人才培养模式，开放办学是必经之路。开放办学主要从以下几方面入手：培养目标上的开放，课程内容上的开放，培养过程中的开放，“时空”上的开放。应坚持“走出去”

的原则，在注重培养操作技能的同时，更应重视过程与方法。在教学过程中，不再照搬课本，教室也不再是教学的唯一场所，打破教师讲，学生听，学生“被动”接受知识的局面，通过师生间相互交流、相互分享，实现教学相长。

二、构建高校创新创业人才培养模式的策略

（一）转变教育观念

1. 变“适应性教育”为“创造性教育”

海阔凭鱼跃，天高任鸟飞。长期以来传统教育思想扼杀了学生的创造性，使学生不敢挑战，不敢表现个性。直至今天部分高校仍未能树立正确的创新创业教育观，没有予以充分重视和深度认识，不能发挥创新创业教育应起的作用。高校肩负着时代赋予教育的使命，需要意识到创新创业教育的重要性。教育正经历着一场缓慢而深刻的革命，笔者认为应为学生提供一个广阔的平台，引导学生转变思想观念，开发“第二课堂”，用创新创业教育思想来指导教学育人的全过程。

2. 借鉴国外先进经验，取长补短

他山之石，可以攻玉。在国外很多国家都相继开设了创新创业教育，在国内很多省市高校发展得也很迅速，拥有相对完善的课程。在国外教育课程中，通常以现实的创业状况为教学切入点，以创业演练体验式教学为重要形式，经过模拟或实践，激发学生创造的热情。有条件的院校还会为有志于创新创业的学生提供创业机会，使他们在创新创业的过程中尝尽酸甜苦辣，这种崭新的教育模式，使学生找到了最适合自己的创业方向。

3. 完善人才综合素质评价体系

现有的高等教育“重传授轻参与”“重课堂轻现场”，考核评价内容也是“重知识的记忆轻能力的掌握”，难以有效推动学生综合素质的提高。从人才培养模式的角度评价，教育质量要跟职业技术岗位挂钩，会给操作上造成一定的难度。在追求学科的完整性、逻辑性的基础上，在满足实际需要的前提下，科学判断，对教育对象进行价值判断，直接体现了人才培养规格和人才质量的价值评判。急需尽快实施创新创业教育质量评价，作为素质教育核心的内容，创新创业教育必须纳入人才综合素质评价体系中来。教育部有关文件中也有明确要求，提出了重要评价指标，把创新创业教育教学质量、创业质量等列入标准，所以以创新创业教育为重点的人才综合素质评价体系建设必然要得到加强。

（二）深化高校教育体系改革

1. 重视师资队伍建设

要培养学生的创新创业意识和能力，首先要求教师能够引导，分类施教，能够以教授创新创业知识为基础，以锻炼创新创业能力为关键，以培养创新创业精神为核心，通过开设创新创业技术选修课、模拟实践过程的活动课、展示创业业绩的环境课，创设体验式教学情境等，使学生掌握基本流程和方法，了解相关法律法规政策，激发创新创业的热情，增强学生的社会责任感。如果没有一支既有创新创业理论知识又有创新创业实践能力的教师科研队伍，那么，学生就不能正确而全面地受到创新创业知识与理论的系统教育，在以后创新创业实践过程中肯定会失败。因此，培养一支科研型、实践型创新创业教育师资队伍迫在眉睫。

高校既可聘请企业家、企业中的高层管理人员来校做兼职教师，也可以聘请创业典型人物、成功校友来校讲座，形成相对稳定的、专兼结合的师资队伍，才能使创新创业教育更贴近社会和大学生的实际。为此，创新创业教育的师资建设应建立广泛的渠道、采取灵活的方式、全方位地开展，在企业一线、在活动实践中积累经验。

（1）创新创业教育师资队伍的来源

一要从培养、培训入手。首先，要加强教师的理论知识培训，邀请校外名师、专家以及企业管理人员对教师进行理论素养的培训。其次，要利用各种平台和组织、参加各类创新创业研讨会的机会组织教师学习，加强交流，获得最新的创新创业知识和内容。再次，积极创造条件组织教师到企业挂职锻炼，获得创新创业与管理的真正体验，增强教师的实践能力，丰富其教学内容、提高其教学效果和说服力。有条件的高校可以拨付经费组织教师真正“走出去”，到欧美发达国家和高校学习先进的经验。最后，随着创新创业教育的发展，逐步建立起创新创业学科，设立硕士博士点，自我培养创新创业教育教师。

二要从招聘引进入手。首先，教师招聘要严把入口关，改善师资结构，此举可以有效降低成本。其次，高校应当从企业吸收既有一定学术背景又有丰富的实践经验的企业家到校任客座教授，改善校内队伍结构，促进校内教师水平和能力的提升。此举能有效提高学生学习的兴趣，开阔学生的眼界。最后，除了邀请成功的企业家，还应该邀请政府人员、风险投资家、法律人士以及孵化管理者来校做兼职教师，让学生获得有针对性的指导。这些做法是动态的、开放的，应该在高校创新创业管理机构的组织协调下统一开展并形成长效机制。

（2）创新创业教育师资队伍的组成

师资队伍组织构成上既要有专职队伍又要有兼职队伍：专职队伍重点负责基础教学和实践管理工作，对创新创业教育活动进行统一规划和组织管理；兼职队伍重点解决实践教学的难题，同时帮助学生联系实践学习的基地。

（3）创新创业教育师资队伍的水平

高校的创新创业师资队伍应当有层次化和多元化的特点。除了专兼职教师之外，要加大“双师型”教师的培养，强调教师的综合素质，既要重视理论水平也要重视实践教学，避免出现两极分化现象。多元化一方面体现在教师来源和擅长领域的多元化，另一方面体现在教师自身水平的多元化，要形成教师梯队，以老带新，鼓励新人，培养新人。

2. 营造良好的文化氛围

文化的影响是深远的，榜样的力量是无穷的。高校应合理利用宣传手段，在学术上、实践中都能融入创新创业精神，达到全面的教育目标。此外，还可以树立勇于创新创业的榜样，通过大赛奖励有志于创新创业并取得成功的学生，使学生树立崇高的目标，鼓励个性张扬，保护突破性的创造行为，逐渐形成敢于创新创业的氛围。

（三）搭建实践教学平台

教育必须服务于社会，实践教学是实践能力培养的重要环节。大学生要想造福于社会，必先走上社会。高校应构建创新创业实践教学体系，搭建多样化的实践教学平台，让每个学生都能实际动手，学以致用，具备独立思考和判断的能力。另外，借助校外第二课堂，加强校企合作，拓展校外实训基地，还可以利用假期参加社会实践等，使学生体会到其中的乐趣与艰辛，锻炼学生的应用能力、社会实践能力、创新能力，增强对创新创业的信心。

创新创业教育实践教学环节不能仅停留在课堂上，要加强实践教学，推进实施体验式教学，强化校企合作，切实加强创业实践基地建设和成果孵化基地建设，创建大学生创新创业实践基地，让学生边学习、边实践、边创业，通过校企联合的模式，广泛搭建学生实习、实训、创业和就业的综合服务平台，让学生走进社会，这才是提高创新创业教育实效的必由之路。

创新创业教育实践的形式可以多样。第一，高校可以加强与校外企业的联系，在专业对口企业建立大学生创新创业实践基地，走校企联合道路。利用寒暑假组织学生在企业从事 1 ～ 2 个月的实践活动，让学生真正感受企业文化，参与企业管理和实践，得到真正的锻炼，同时也能为企业带来新鲜的活力，实现一举两得的功效。比较成功的做法是“暑期实习生”的模式，组织大三学生进入企业开展实践活动，培养创新创业精神和能力。第二，高校可以利用自身的优势，创建企业实体，当前已有众多高校有自己的校办企业，可以为学生提供创业实战的场所。第三，有条件的高校，可以充分发挥大学生科技园的作用，发挥好科技园的孵化功能，将教师或者学生的项目想法在科技园进行孵化，并派驻教师进行指导，切实让学生在项目中成长。第四，加强专业课的实践教学。教师可以组织学生进入实验室，参加创新项目，参与各类创新比赛，增强其创新意识和动手能力。第五，高校可结合学校特点，设立勤工助学岗，遵循“双向收益、互惠互利”的原则，让学生参与经营，锻炼创业能力；还可以提供机会，让学生亲自参与公共活动的组织与策划等活动。第六，重视并积极组织大学生创业计划大赛。印度管理学院就经常组织国际性的创业计划书大赛，这是一种行之有效的教育方法，在撰写计划书的过程中，能充分锻炼学生的思维能力，并培养学生的团队意识、竞争意识、大局观和综合运用各种手段查阅资料、获取各类信息的能力。

（四）我国高校创新创业人才培养课程设置

实施创新创业人才培养，课程设置是关键，因为它直接关系到培养什么样的人，关系到怎样完善学生合理的知识结构。在我国，由于创新创业人才培养还处于试点阶段，创新创业人才培养课程体系还处于探索期，已开发出来的课程数量较少，部分院校多以选修课的形式开设“创业管理”“商业计划书”“企业家精神”及“科技创业”等课程。在这有限的课程中，不难发现，我国创新创业人才培养课程体系偏重理论性，其作用重在培养学生的创业意识，实用性差，对学生创业实践技能和能力的提升并没有多大价值。这主要是因为我国创新创业人才培养实践活动尚处于起步阶段，创新创业人才培养课程的研究开发力量比较薄弱。

创新创业人才培养是专业教育的重要组成部分，那它对所有专业必然具有一定的普适性，同时，由于高校人才培养目标定位不同、学科及专业特点不同，这就决定了创新创业人才培养必须适合专业特点的特殊性。

1. 创新创业人才培养课程设置原则

高校的创新创业人才培养应以第一课堂课程教学为载体，融合专业教育，着力培养学生的科学精神与人文素质，以及未来创新创业所需的心理品质、知识和能力等。创新创业人才培养的课程设置要从其培养目标出发，遵循的原则有：首先，突出专业特色，创新创业人才培养课程的设置要与专业课程体系有机融合；其次，理论联系实际，创新创业实践活动要与专业实践教学有效衔接；最后，专业教育与创新创业人才培养相结合，在专业教育实际教学中渗透创新创业思想。

（1）与传统教育体系相结合

传统教育体系主要分为普通教育和职业教育两类，普通教育往往致力于培养德、智、体、美、劳全面发展，而且文化素质整体有所提高的合格的社会公民；而职业教育是在前者的基础上，更注重培养职业技能，主要是为社会、经济发展提供专门人才。随着教育的发展，这两类教育体系逐渐趋向于独立、完整，而且在办学、教学方式等方面也具有一定特色，在整个教育、社会系统中获得了比较稳固的地位。

创新创业教育是一种新的教育理念，它旨在培养具有创新意识、开拓精神和创业能力的社会财富、就业岗位的创造者，它与传统教育体系之间既相互渗透又相对独立。

（2）创新性与实践性相结合

创新是民族进步的灵魂，也是国家兴旺发达的不竭动力。国家要走向富强，那么大批具有开拓创新精神的高素质人才是必不可少的。

在这样的大环境下，高校提倡开拓与创新，强调创新办学的理念，实施创新教育，注重知识创新，培养创新人才，并对学校管理、功能教学、科研等方面进行创新。创新创业教育是一种大众教育，它的创新性主要体现在教育模式、教师教学方式以及学生学习方式的创新这三种创新上，要求培养出具备开拓性、独创性、发散性思维和批判性思维的学生，这就要求根据培养目标来构建教育体系。

此外，除注重创新性外，实践性也是很重要的。创新创业教育体系与传统教育体系有很大区别，相较之下，它更注重培养学生的创新创业意识、创业能力、个人素质、创新思维等。同时，它也是素质教育的深入与发展，这是一项十分艰苦的创造性活动，因而，要取得成功，创新创业主体就必须具有很强的实践能力。

2. 创新创业人才培养课程设置

目前，高校学生的知识结构和专业技能主要是通过专业教育获得的，学生的知识结构和专业技能基本决定了其就业和创业方向，尤其是创业初期的发展方向。因此，创新创业人才培养想要落到实处，就必须融入专业教育中，使专业理论知识的学习、运用与创新创业活动相结合，创建特色鲜明的课程体系，搭建专业学习和实践能力相结合的桥梁，有的放矢地培养具备创新意识、创业精神和创业能力的专业人才。

当前高校创新创业人才培养应以培养创新创业意识，提高创新创业能力，增加创新创业人才培养实践为主线，其课程由创新创业人才培养课程基础平台、创新创业人才培养课程能力平台、创新创业人才培养课程实践平台三大平台组成，创新创业人才培养课程能力平台和创新创业人才培养课程实践平台可根据专业课程情况逐步实现与专业教育课程的融合。各个学校应在创新创业人才培养课程基础平台的基础上，根据学校特色，结合专业学科特点，适当加入符合专业特点的创新创业能力类课程和创新创业实践类课程，开发适合本校学生的创新创业人才培养课程，实现专业教育与创新创业人才培养的融合。创新创业能力类课程和创新创业实践类课程是专业教育的深化和延伸，高校的创新创业人才培养强调以专业教育为基点，发挥专业优势，尤其是专业前沿的优势，满足创新创业的需要，使学生在专业教育的基础上，根据其兴趣、需要和能力，提高创新创业能力。

（1）创新创业人才培养课程基础平台

创新创业人才培养课程基础平台旨在培养所有学生的创新意识和创业精神，使学生在短时间内集中、系统地学习创新创业知识，对与创新创业相关的学术理论知识有更深的领悟，树立正确的就业观，为以后更进一步从事创新创业实践和研究工作打下扎实而坚固的基础。这一课程平台是全校性的、跨专业的课程，可以以公共必修课、公共选修课或者素质拓展课的形式开展。创新创业人才培养课程基础平台包括创新创业意识类课程和创新创业知识类课程。创新创业意识类课程重在培养学生的创新意识和创新精神，促进学生创业心理品质的形成。创新创业知识类课程重在丰富学生的创新创业知识，对创新创业活动有初步的认知。

（2）创新创业人才培养课程能力平台

创新创业人才培养课程能力平台与专业教育紧密融合，其将创新创业知识渗透到各专业的课程教学中，通过在专业课程教学内容中适当地增加创新创业元素，优化课程结构和内容，培养学生基于专业知识的创新创业能力。这类课程在现有专业开设上可能有很大难度，甚至是一种挑战，但是没有与专业相融合的创新创业人才培养课程，创新创业人才培养就很难深入进行，甚至只是纸上谈兵。尽管在当前高校的各学科专业教育中还缺乏这一类的教育资源（教师、教材等），但是融合的意识要有。作为一种理想化的设想，我们希望在专业课程体系中增加专业市场调研、基于专业特点的创新创业能力训练、专业典型创新创业案例分析、专业领域前沿问题的创新性研讨等课程，具体设想如下。

其一，增加专业领域的职业发展研究与教育内容。高校的专业教育一般都有相对应的职业领域，但学生了解不多，对就业前景迷茫，创业更无目标。增加该方面的知识，可帮助学生明确创业目标，增强课程学习的目的性。

其二，加大专业领域的科研与技术开发的力度。目前在本科阶段，学生很少参与教师的科研活动，应该改变这一现状，让学生在适当时机介入科研或者开发。尽管大多数学生的能力不够，对教师的科研起不到多大的帮助，但学生通过参与科研活动，体验科研过程，对增强学生的工程意识、工程实践能力有很大帮助，为今后的技术创新、技术创业打下良好的基础。特别是技术开发、小制作，这是培养学生创造意识的火花，是提高创新能力的工具，只要适当组织、引导，一定会有好效果。

其三，增加专业领域的创新创业案例教学。案例教学在发达国家的大学教学计划中占有重要比重，哈佛大学的经济类专业面向世界收集案例，以增加学生的相关知识和开阔学生的视野。案例教学最直接的作用是通过剖析别人的成功和失败，改变自己的认识，并产生一种对自己职业的现实感，是通过课程获得创新创业经验的好机会，而对这些经验、教训的理解和认识，可以从理性上增强学生的创新创业意识。上述课程可以穿插于专业课程中，也可以独立开设专门课程，关键是如何把这些生活中的素材变为适合学生的素材，这是当前创新创业人才培养课程建设的一个难题，需要学校、专业教师的共同努力。

（3）创新创业人才培养课程实践平台

创新创业人才培养课程实践平台强调实践性，在专业实践环节融入创新创业活动。创新创业实践活动与专业实践教学的有效衔接为创新创业型人才的深入培养提供了路径。它强调以学生的专业知识、社会需要和问题为核心，以有效地培养和发展学生的综合实践能力为目的，在活动空间上向自然环境、学生的生活领域和社会活动领域延伸，加强学生与自然、与社会、与生活的联系。

首先，改革教学方法，建立以课题和问题为核心的实践教学模式。为了提高学生的动手能力和创新能力，学校要改变传统的课堂讲授方式，选用案例式、模拟式、互动式和实训式的教学方法，变“教学”为“导学”，进行探究式教学、沟通合作式教学，将科学研究思维训练和科学研究方法训练融入实验教学中，引导学生主动学习，激发学生的主动性和创造性。教师要面向企业和社会积极承担行业课题，激发学生参加科研项目和技术开发工作的积极性。

其次，积极组织开展学科专业竞赛，并有意识地与创新创业人才培养相结合，突出竞赛活动的创新性、创造性和工程实用性。

再次，结合专业特色建设大学生实训模拟基地，积极开展各种创新创业实践活动。利用学校原有的教学实习基地，依托大学科技园，充分发挥大学科技园孵化器功能，设立产学研合作专项资金，专门支持高校、企业和科研院所共建创新研发中心、开展技术合作。

最后，结合本校的专业教育资源尽可能地开设模拟创新创业项目，鼓励学生积极参与，提高学生的实践能力、科研创新能力，让学生提供具体的创业策划方案，指导学生开展创业实践，体验创业过程，提升学生的创新创业能力。

（4）创新创业人才培养课程时间安排

创新创业人才培养应贯穿于大学生的整个教学计划中，融入人才培养的全过程。创新创业人才培养基础平台课程应该在大学一、二年级开设。意识是行动的先导，对刚入学的大学生来说，他们的创新意识不强，对未来的职业发展没有清晰的规划。这一阶段，要加强对大学生的创新意识和创业精神的培养，使大学生建立职业生涯规划意识，树立职业理想，有针对性地规划大学期间的学习和生活。

创新创业能力课程和创新创业实践课程应在大三、大四开设。首先，大学生只有经过专业知识的学习，才能明确创业方向，才能有的放矢地进行创新创业实践活动。其次，厚实的综合人文素质是提高创业能力的前提，大三、大四的学生在经过大一、大二的基础课程学习以后，具备了一定的社会、人文和自然科学知识。最后，大学生通过两年的大学生活，生理和心理大大成熟，对自己的职业选择、人生规划有了更加清晰的把握，对探讨、分析较为复杂的创业问题会更有深度。

（五）建立高校创新创业教育评价反馈机制

有人说过，没有最终的评价，就没有最初的激情，中途的毅力很有可能不堪一击。由于创新创业教育具有成本高、实践性强、成效滞后等特点，所以其评价反馈机制要力求科学多元，既要给出合理准确的判断，又要避免形式上的评价。

创新创业教育工程巨大，涉及方方面面，所以评价的内容、方法和标准应当多元。第一，国家应当根据高校的类型制定科学合理的评价机制。不同的高校比如重点与非重点、职业学校与非职业学校、综合性与专科性高校应当有所不同。评价机制中的专家学者要兼具资深的理论与丰富的实践，时机成熟，可以建立评价资格认可制度。此外，有了评价就要有激励处罚措施，在资金、政策和教师晋升上给予优惠条款，这样能充分提高高校创新创业教育的实效性。

第二，高校要根据自身特点建立评价机制。评价要力求过程与结果相结合，定量与定性相结合，静态与动态相结合。评价的内容不仅要关注外显的知识掌握，也要强调学生的品德、情感和意志的评价。评价的结果要及时反馈，以便引入竞争意识，促使各方有针对性地提高创新创业教育的水平。

（六）构建全社会支撑体系

1. 创造良好的创新创业氛围

“蓬生麻中，不扶自直”，有什么样的氛围，就会培养出什么样的人才。创新创业教育的成功不仅取决于个人的努力，更需要营造良好的氛围。应由高校牵头，以国家为主导，省级主管部门要积极协调配合，为大学生自主创新创业提供新的支撑平台。应力争在政策、程序方面为大学生提供方便，积极开发利用各种资源，用以扶持大学生创业。只有通过切实有效的政策支持和良好的创业环境相结合，才能使得大学生创新创业教育活动有效展开并取得成功。此外，还要建立相应的工作机构和服务体系，促使经验丰富的教师、企业家、政府有关部门共同开展解读、咨询、协调等服务，为有创新创业潜力的大学生建立起社会化的创新创业教育的良好大环境。

2. 动员全社会创建各种支援体系

创新创业教育支援体系内容丰富，结构庞大，涉及很多的利益相关者，不要只看到创新创业活动存在的风险性和艰巨性，还要认识到它的利益性和战略性，需要方方面面共同努力来构建。政府的提倡、非政府组织的参与、企业的接纳、学校的积极行动都能带来良好的创新创业教育环境，为创新创业教育搭建一个很好的平台。因此创新创业教育不能只是学校的课堂教学，而应把整个社会环境都包括进来。在美国，创新创业教育支援主体涉及“民、官、学”，并不是单以政府为主，需要全社会的支持。所以高校除了内部努力，整合校内资源外，还应建立政府、高校和社会之间的有效沟通协作机制，大力开发社会扶持力量，加强与兄弟院校的交流合作，构建大学生创新创业人才培养体系，使更多的大学生成为创新创业人才培养的受益者。

第七章　新媒体环境下高校创新创业教育的有效性

随着信息化时代的来临，信息化技术获得突飞猛进的发展，大学生作为一个介于人才和市场的中间人，在新媒体的影响下，创新创业的意愿更加强烈。现代化信息技术迅猛发展，以多媒体网络、移动通信等为主的新媒体技术也迅速发展，微信、微博、社交网站、APP 等数字网络层出不穷，人们越来越依赖新媒体来进行交流和获取信息。在创新创业教育中新媒体也发挥了独特的作用，在这种新的形势下，浅析新媒体在开展大学生创新创业教育中的优势，探究如何有效利用新媒体开展大学生创新创业教育，树立大学生的创新创业意识、提高创新创业能力是很有必要的。

第一节　新媒体环境下高校创新创业教育有效性研究的理论依据

要研究新媒体环境下高校创新创业教育的有效性，最为重要的就是对涉及的各部分进行全面的了解。以在线教育为例，在线教育是基于网络的学习行为，随着新媒体时代的到来，在线教育已经成为现在教育发展的趋势，是现代教育不容忽视的力量。大学生就业思想道德教育是大学生思想道德教育和大学生就业指导中的交叉部分，是立足于就业相关领域的思想道德教育，旨在帮助大学生树立就业观、择业观、创业观。创新创业教育是在创业过程中融入创新的教育活动，而有效教学则是师生在教育活动客观规律的基础上以期学生充分提升自我，教师达到教学目标的教学形式。

一、新媒体理论

（一）新媒体的含义

简单说，新媒体是一种环境。新媒体涵盖了所有数字化的媒体形式，包括所有数字化的传统媒体、网络媒体、移动端媒体、数字电视等。

新媒体是一个相对的概念，是在报刊、广播、电视等传统媒体的基础上发展起来的新的媒体形态，包括网络媒体、手机媒体、数字电视等。新媒体亦是一个宽泛的概念，利用数字技术、网络技术，通过互联网宽带局域网、无线通信网、卫星等渠道，以及电脑、手机、数字电视机等终端，向用户提供信息和娱乐服务。严格地说，新媒体应该被称为数字化新媒体。

创新创业并不仅仅是创新教育和创业教育的综合，而更多是将二者结合起来的超越，根本在于培养大学生的创新精神、创业意识和能力。在高校中，首先从教育的观念入手转变大学生的思想，其次从教学内容及培养方法方面进行改革，利用新媒体探究更加适合大学生发展的创新创业教育模式，让创新精神深入大学生的学习生活中，使其成为实用性、有效性的工具，最终提升我国创新人才的质量。

（二）新媒体的特征

1. 新媒体的多样性

如今基本上每个大学生都有手机，在课余时间里，大学生都会刷微博、朋友圈了解发生了什么事情。利用大学生使用这些新媒体的习惯，在微博或是微信中放入创新创业的成功案例、商机以及有关创新创业的小短文，可以更方便地供大学生阅读，进行滚动式的传播，从大学生的思想入手，让其意识到创新创业的价值，将新媒体和创新创业进行有效的结合，使大学生在新媒体这种碎片化的阅读中看到创新创业的价值，受到潜移默化的影响。传统的媒体往往信息量小，更新速度慢，而新媒体形式多样、内容丰富，新媒体的引入会将死板的教育变得更生动，激发大学生的学习兴趣。

2. 新媒体的快捷性

相对于传统媒体，新媒体有信息更新迅速的特点。教师可以通过新媒体将最新的创业政策、创业理念第一时间告知学生，让学生可以随时随地自行学习，开阔学生的眼界。

二、在线教育理论

（一）在线教育的含义

在线教育，一般指基于网络的学习行为。美国是在线教育的发源地，有60% 的企业通过网络的形式进行员工培训。1998 年以后，在线教育在世界范围内兴起，从北美、欧洲迅速扩展到亚洲地区，越来越多的企业对在线教育产生浓厚的兴趣，并开始实施在线教育。在线教育不只是一种技术，技术只是传送内容的手段，在线教育的主要意义是通过学习产生巨大变革。它是以网络为介质的教学方式，通过在线教育，学生与教师可以打破地域的限制。对于工作繁忙、学习时间不固定的职场人来说，在线教育是最便捷的学习方式。

网络教育在中国的发展始于20世纪90年代，虽然发展速度缓慢，但仍保持上升势态。国内提出的代表在线教育发展方向的网络教育模式是基于网络的教育模式，可以最大限度地发挥学习者的主动性、积极性，既能进行个性化学习，又能进行协作学习，比较注重学习者个人的需要。

（二）在线教育的主要内容

在线教育的实现需要依靠一个良好的学习平台，应运而生的就是网络在线教育平台。在线教育平台是实施在线培训、在线教育的工具软件，利用网络技术与软件技术的远程网上教育学院，可以进行自定义和扩展。它由简易明了的课件、导入试题构成，可以帮助政府、行业或企业快速构建所需的专用的知识库体系，提供培训管理过程的监控和评价服务，帮助客户高效地实施员工培训和考核任务。在线教育突破了时空的限制，具有广泛的辐射面和丰富的共享资源，可以满足学习者的学习需求，提高其自主性、主动性，是现代教育不容忽视的力量。总的来说，在线教育的内容体现在以下几个方面。

第一，政府方面。政府现在提倡学习型政府，而政策环境的不断变化、新事物的涌现也对公职人员提出了更高的要求，同时，政府机构的网络资源更加丰富，“在线教育培训系统”能帮助公职人员及时更新知识储备，尤其重要的是政府机构是垂直管理体制，政府只需在一定范围内建立并维持一套新的知识库，就能使整个范围达到资源共享。

第二，学校方面。由于网络技术的发展，各高校可通过构建网上学校，增强学校、教师、学生之间的交流，提升教学质量，也可构建公共教学资源库，设置课程精品，宣传学校的教育实力。

第三，行业方面。很多行业知识库系统复杂，门类多且跨度大，行业一向注重积累知识和经验，但这些资源由于地域局限性，达不到统一共享，因此，行业可以充分利用目前所具备的资源建立起共享的资源库，进而实现利益最大化。

第四，企业方面。企业的知识库系统一般为企业的核心竞争力，利用“在线教育培训系统”，企业可以建立自身的资源共享系统，许可企业里面的职员适时学习，不断提高职员的素质。

（三）在线教育的主要目的

第一，资源最大化利用。利用网络，各类教学资源得到了共享，从而变在线教育为一种普遍的、大众化教育。

第二，学习行为自主化。网络技术在在线教育中的应用，使得任何人在任何时间和任何地点都可以进行自主学习，这很好地迎合了现代教育的需要。

第三，学习形式交互化。教师与学生之间、学生与学生之间，可进行全方位的沟通。借助在线教育，可以缩短师生的距离，扩大教师和学生交流的范围，可以让教师了解学生在学习中遇到的一系列问题，进而更加有针对性地指导学生。

第四，教学形式修改化。在在线教育中，利用计算机网络所特有的信息数据库管理技术和双向交互功能，一方面，能够对所有在线学生的个人资料、学习过程等相关信息做到真实的跟踪统计；另一方面，能够根据个人数据记录系统的学习服务体系，针对不同学生提出个性化学习建议。在线教育提供了一种方法来实现个性化教学。

第五，教学管理自动化。具有自动管理和远程互动处理功能的计算机网络教学管理平台，可以将教学管理应用于在线教育，从而更好地开展学生的管理工作。

三、有效教学理论

有效教学是一个热门话题，是当前课堂教学改革的核心问题、难点问题，国家的教育教学改革，以之为重点。近年来，当中国的有效教学研究取得了许多令人称道的成绩时，有效教学成为一种通用的教学新思维，指导着课程改革进一步推进。

（一）有效教学的含义

自从教学活动产生，教育研究者和教学实践者就一直在探寻有效教学，开展理论探索和实践创新。有效教学的理念源自 20 世纪上半叶，是在美国实用主义哲学和行为主义心理学基础之上形成的西方教学科学化运动。我们平常所说的“有效教学”，它并非简单地指教师课堂上的行为或我们看到的教师课堂上的行为，而是指既有效率又有效果更有效益的教学活动，也是“教学正常化”的别名，追求师生以尽可能少的时间和精力消耗来获取最大的教学效果，或者就是陶行知所提倡的“教是为了不教”的境界。同时，我们认为有效教学是师生遵循教学活动的客观规律，以最优的速度促进学生在知识与技能、过程与方法、情感态度和价值观“三维目标”上获得整合、协调、可持续的进步和发展，从而有效地实现预期的教学目标，满足社会和个人的教育价值需求而组织实施的教学活动。这一定义包含了三层含义：第一，有效教学的评价标准是学生学习；第二，整合、协调地实现教学的“三维目标”是学生进步和发展的基本内涵；第三，学生的进步和发展是通过符合规律、有效果、有效率、有魅力的教学获得的。

（二）有效教学的主要内容

有效教学的“有效”，主要是指教师在一种先进教学理念指导下经过一段时间的教学之后，使学生获得具体的进步或发展。有效教学的“教学”，是指教师引起、维持和促进学生学习的所有行为和策略。它主要包括三个方面：第一，引发学生的学习意向、兴趣。教师通过激发学生的学习动机，使教学在学生“想学”“愿学”“乐学”的心理基础上展开。第二，明确教学目标。教师要让学生知道“学什么”和“学到什么程度”。第三，采用学生易于理解和接受的教学方式，对此，有以下几点要求。

第一，关注学生的进步或发展。首先，要求教师有“对象”意识。教学不是唱独角戏，离开“学”，就无所谓“教”，也就是说，教师必须确立学生的主体地位，树立“一切为了学生的发展”的思想。其次，要求教师有“全人”的概念。学生的发展是“全人”的发展，而不是某一方面（如智育）或某一学科（如英语、数学等）的发展。教师千万不能过高地估计自己学科的价值，而且也不能仅把学科价值定位在本学科上，而应定位在对一个完整的人的发展上。

第二，注重教学效益。这要求教师有时间与效益的观念。教师在教学时既不能跟着感觉走，又不能简单地把“效益”理解为“花最少的时间教最多的内容”。教学效益不同于生产效益，它不是取决于教师教多少内容，而是对单位时间内学生的学习结果与学习过程综合考虑的结果。

第三，科学对待定量与定性。如教学目标尽可能明确与具体，以便于检验教师的工作效益。但是，并不能简单地说量化就是好的、科学的。教学中既要反对拒绝量化，又要反对过于量化。应该科学地对待定量与定性，全面地反映学生的学业成就与教师的工作表现。

第四，具备反思的意识。这需要教师不停地反思自身平时的授课活动，不断地自我反问“怎样才能做到教学有效”“我的教学有效吗”“是否还有更为有效的教学”。

第五，注重过程的策略性。这要求教师具有相关策略倾向的知识储备，从而使自身在面对不同的情况时从容应对。

（三）有效教学的主要目的

首先，探索一种适合学生自主学习的教学模式。教学的过程是互动的过程，教师如何教是一方面，学生怎样学是另一方面。填鸭式的教育模式已经跟不上教育改革发展的步伐，如何使学生自主或者主动地去学习，使有效教学真正达到有效，是不容忽视的。

其次，培养学生的创新意识和创新能力。学生在学习的过程中不能只是完全照搬知识，而应该有所创新，学会举一反三，这就要求教师在教学中因势利导、循循善诱，充分培养学生的创新意识和创新能力。

最后，培养教师教学的创新理论与方法。广大教师应树立“教什么”和“怎么教”的工作思想框架，从而得心应手地进行教学程序设置。在切实可行的实验验证中，证明有效的教学模式能够提高课堂教学的效果，并对学生相关知识的学习有着积极的效果。同时，有效的教学模式也使教师的教学理论水平得到提升。

第二节　现代高校创新创业教育有效性欠缺的原因

当前大学生存在职业价值取向和择业观具有功利性、职业理想和职业目标具有盲目性、心理承受能力和自我控制能力弱等问题。究其原因，有高校的重视程度不够、对创新创业教育的保障不足、社会的支持不够等。国家和高校也意识到了大学生创新创业教育的重要性，试图通过各种渠道缓解大学生就业难的问题。虽然目前取得了一定成效，但是纵观全局，大学生创新创业教育还没达到预期效果。

一、目前高校创新创业教育有效性欠缺的具体原因

（一）创新创业教育理念和定位不科学

高校缺乏对创新创业教育本质的理解，认为创新创业教育是培养创业者、企业家，甚至认为创新创业教育是大学生毕业就业指导的一项内容，这种错误

观念导致创新创业教育目标出现偏差。教师只注重传授创业知识和技能，忽视了对学生意识和能力的培养，影响了学生综合素质的提升。学生误认为只有想创业的人才有必要接受创新创业教育，很多学生对创新创业教育不感兴趣、重视度不够、积极性不高、不愿意参与各种创业活动，难以形成浓厚的创新创业氛围。

（二）创新创业教育模式没有形成

成熟的创新创业教育模式还没有形成。很多高校主要从自身对创新创业教育的理解出发，结合自身的情况和条件开展创新创业教育，创新创业教育模式多样、零散、不成熟、不系统、随意性强、质量和水平参差不齐，这样的创新创业教育模式很难培养高质量的创新创业型人才。

（三）创新创业教育与专业教育脱节

高校创新创业教育通常是在不改变原有课程体系和人才培养方案的基础上加入一些创业类或创新类课程，这些课程往往与专业学习没有直接联系。这种做法忽视了创新创业教育与专业教育的内在联系。实际上，专业教育是基础，创新创业教育是引领。没有专业教育，创新创业教育就成了无本之木，没有创新创业教育，学生的创新意识和创业能力无法得到提高。这种做法也使创新创业教育沦为一种形式，沦为一种技巧或技能教育，很难实现创新创业教育的预期目标。

（四）创新创业教育实践环节薄弱

实践是创新创业教育的重要内容，也是提高创新创业教育实效性的基本途径，但是目前高校创新创业教育缺乏实践环节。有些高校的创新创业教育主要集中在理论教学方面，停留在创业计划书的完成上，并没有实践教学环节。有些高校虽然开展了一些创业实践教育，但资金、条件等有限，创业实践教育的层次比较低，能够参与的学生并不多。缺少了实践环节的创新创业教育很难让学生有真实的创业体验，很难提升学生的创业综合素质。

（五）创新创业教育师资力量薄弱

创新创业教育需要理论和实践兼备的教师队伍。在理论方面，创新创业教育要求教师具有扎实的理论基础，能够不断更新知识、开展创新创业的理论研究和教学研究。实际上高校从事创新创业教育的往往是相关专业的教师，其缺乏对创新创业理论的系统掌握，也缺少对创新创业的相关研究。在实践方面，创新创业教育要求教师具有一定的创业经历和经验，能够结合书本知识将创业的经历、感受、经验等传授给学生，增强学生对创业的理解，但高校具有创业经验的教师很少，教师只能向学生传授书本知识，教学效果受到影响。高校中满足创新创业教育理论或实践要求的教师本来就不多，而两者兼备的教师更是少之又少。

二、目前高校创新创业教育有效性欠缺的原因

（一）对创新创业教育的重视度不够

创新创业教育的有效开展是需要多方合作的，离不开政府、社会、企业和高校的共同支持。但是，目前政府、社会和企业的支持力度还不够大。其中，政府在工商、行政、税收等方面为大学生创新创业而制定的政策还较少，严重制约了创业实践活动的开展。风险投资机构、社会组织以及银行等金融组织和非金融组织对大学生创新创业所需要的资金的支持力度也远远不够。企业的人才培养基地是大学生一个重要的实践之处，但没有对大学生创新创业做出应有的强力支持，反而制约了大学生进入企业、深入了解企业。而作为创新创业教育主要阵地的一些高校，对创新创业教育的理念认识不到位，因而也并未对创新创业教育加强重视。大多数高校没有设置专门管理创新创业教育的机构，缺少专职队伍，对授课教师的培训不到位，很少有理论与实践兼备的指导教师。同时，许多高校没有把大学生创新创业教育纳入教学体系和课程体系，创新创业教育计划和方案缺乏整体性，高校对待创新创业教育仅仅是作为选修课来，或者局限在开展讲座、创业设计大赛等有限的手段上。

（二）对创新创业教育的理论研究欠缺

高校大力开展创新创业教育，对于促进高等教育科学发展，深化教育教学改革，提高人才培养质量具有重大的现实意义和长远的战略意义。我国高校开展大学生创新创业教育，虽然时间不长，但在国家和政府的支持下，大学生创新创业教育取得了显著的成绩：有关大学生创新创业教育研究的文章不断增加，这表明对其研究的关注度有所提高。纵观众多学者的研究，从研究层面上看，分为宏观与微观。从研究角度上来看，众多学者分别从文化视角、创业心理素质、课程体系研究等角度出发进行了研究。这些成绩不容忽视，但是，对于创新创业教育的研究，在理论上还是欠缺的，这种欠缺不是数量上的单纯递增，不是相同观点的重复论述，而是理论创新的欠缺、深层次内涵理论的欠缺以及实际应用理论的欠缺。理论是指导实践的有效推力，在现实需要的前提下，理

论研究必须不断地推陈出新，高校要不断地加大研究的力度，以满足现实需求，为创新创业教育理论体系的构建增砖添瓦。

（三）对创新创业教育的实践研究欠缺

创新创业教育最重要的一个特性就是实践性，理论层面的研究很必要，但不能止步于纸上谈兵，这就决定了对创新创业教育的研究不可缺少对实践层面的研究。目前关于创新创业教育实践方面的研究，首先是关于创新创业竞赛平台的搭建，如“挑战杯”系列竞赛、大学生创业设计大赛等都是在全国有影响力的科技创新创业类竞赛。其次是关于创新创业实践基地的构建，如创业实训基地、创业孵化基地等。最后是关于校外创新创业基地的建立，如加强与政府、社会和知名企业的联系与合作，充分把高校的知识技术优势和企业的资金与设施的优势相结合。这些实践研究对于创新创业教育的发展有着不可或缺的作用，但是随着创新创业教育的发展，这些实践研究还是停留在以往的水平上，没有太多的创新，也就阻碍了创新创业教育在实践方面的有效开展。如何加强创新创业教育的实践研究，如何让实践研究紧贴创新创业教育理论的发展，如何让实践研究真正地付诸实践，是接下来需要加强的方面，其内容的丰富化、形式的多样性、实施的有效性，都是高校加强创新创业教育实践研究的侧重点。

（四）对创新创业教育的创新研究欠缺

创新创业教育在我国发展至今，其课程设置、教学方法、教学过程虽逐步在改变，但基本还采用传统的教育教学模式。传统的教育教学模式以课堂讲授为主，对理论知识的创新不足，对实践环节的创新重视程度不够，导致学生缺乏动手操作能力，进而影响其有效性的实现。创新已成为当今时代的主题之一，作为培养大学生创新创业素质的教育，其自身的创新更是至关重要的，是刻不容缓的。随着信息技术的飞速发展，网络在各行各业中的应用也越来越广泛，这为教育事业的发展带来了机遇和挑战，特别是教育教学改革的推行，对传统的教育教学模式的创新也提出了挑战。但是就目前发展情况来看，创新创业教育的创新还不够，还不能很好地满足经济社会发展的需求，不能满足创新创业教育发展以及创新型人才培养的需求，这都需要在今后的研究中作为一个重点来对待，需要高校加强创新创业教育的创新。

第三节　新媒体环境下高校创新创业教育有效性的新视角

创新创业教育不能只为了以缓解目前的就业压力为目标，而应立足于为社会培养创新型人才，着眼于民族的创新意识的培养，把创新创业理念在民族精神中加以融合。高校应以建立创新和创业意识、培养创业精神和创业能力为教育理念，并把其真正内化为高等教育的职能和使命。在高校整体的教育体制机制改革和具体的教学过程中融入创新创业教育实质性精神，构建具有普遍性并把专业教育融入人才培养全过程的创新创业教育人才培养全新模式，同时把创新创业意识、创新创业精神、创新创业能力、创新创业人格等创新创业素质的培养也纳入这一人才培养体系。

一、教育理念的创新

教育理念是指人们对教育现象、规律与特点的理性认识、理想追求及所持的教育思想观念和教育哲学观点，具有教育思想的相对稳定性和连续性，通常表现为对有关教育的信念。因此，我们可以得出这样的结论：高等教育理念既是实然的又是应然的，既是人们对高等教育现实的理性认识，又是对高等教育未来的合理预想，反映了人们对高等教育规律与本质的把握过程。进一步我们可以知道，创新创业教育理念是高校扎实推进创新创业教育的理论指导。特别是我国高校开始实施创新创业教育后，不断借鉴世界知名高校关于创业教育的经验，并对创新创业教育进行本土化研究，提出了创新创业教育是素质教育的深化和具体化，是大学教育和专业教育与通识教发展的新方向，是创新教育理念的深度融合的观点，进一步推进了高等教育理念的深化发展。

（一）对比以前的创新创业教育理念

创新创业教育的对象是大学生，大学生的创新创业潜力很大，但是他们缺乏社会经验，没有市场概念，缺乏必要的实践能力和管理经验，创业不是纸上谈兵，需要实践经验。因此，传统的以教师讲授为主的教学理念已经不能很好地适应大学生创新创业教育。一些高校对创新创业教育的理念认识不到位，因而也并未对创新创业教育加强重视，也没有设置专门管理创新创业教育的机构，或者即使有设置也形同虚设。同时，许多高校没有把大学生创新创业教育纳入教学体系和课程体系，创新创业教育计划和方案缺乏整体性。许多高校将创新创业教育仅仅理解为为大学生“实际创业”提供指导，还认为大学生不具备创业的主客观条件。有些人认为，创新创业教育是教学生如何置办“公司”、当“老板”赚钱，有些人认为大学生自主创业是很少的，是学生毕业后的事，使得创业活动以实用、创造财富和利润为目的，没有上升到社会责任高度。并且，高校在开展创新创业教育时，忽略了对学生创新创业意识的培养，大多只注重传授知识，而且仅仅关注精英学生，没有遵循创新创业教育的普适性原则。还有部分高校把创新创业教育等同于创新创业知识技能的传授，完全脱离了创新创业教育的宗旨和目的。其实，创新创业教育更多的是培养学生的创新意识、创业意识和素质，并非只是一味地鼓励大学生毕业后马上投入创业的浪潮中去。

（二）探讨目前的创新创业教育新理念

高校开展教育不但要服务于地方社会经济的发展，还要促进国家经济的发展。鼓励大学生创新创业不仅可以推动当地社会经济的发展，而且对高校本身的发展和学生个人综合素质的提高起着助推作用。高校开展教育的定位与创新创业素质的教育活动不相矛盾。高校创新创业教育课程的目标定位应与目前我国创新创业教育具体情况相参照，把创新创业型人才的教育作为目标，实施创新创业教育。而创新创业型则体现在较强的创新创业意识、较强的创新创业精神、较强的创新创业能力上，在培养方法上采取“分层培养”，使学生具备基本的创业意识、创业人格、创业知识和创业技能。

国内经济快速发展，将会有越来越多与经济产业创业相关的高等教育课程与内容。而由于高等教育机构在知识经济中发挥着重要作用，高等教育机构将会更重视大学生的创新创业教育。同时，大学生就业方式多元化与就业观念的改变，以及特定背景下就业困难，将会激起大学生群体对创新创业教育的重视。伴随着大学生对就业认识的日趋理性和大学生毕业就业困难的持续，将会有更多的大学生选择创新创业教育或培训，这将在今后较长的一段时间构成我国创新创业教育的刚性需求。

目前仅是一些经济实力强、软硬件都到位的综合性高校的创新创业教育课程开展得较为到位，一般的高校只是在学生在校期间进行一些较零散的创业支持培训。这种状况将在今后一段时间得到改善，会有越来越多的高校为大学生提供完整的创新创业教育课程。正式接受过创新创业教育的大学生数量也会有所增加，尤其是那些以直接服务经济生产为主要功能的高等教育机构，如高职院校，将会以更积极的态度加入创新创业教育机构当中，发挥它们与企业联系紧密的优势，成为创新创业教育机构的重要组成部分。

高校应真正把创新创业教育实质性精神融入高校整体的教学实践过程中，构建具有普适性、专业性、多元性的创新创业教育人才培养模式，把创新创业意识作为重点，把创新创业实践活动作为载体，把创新创业能力培养作为关键，把创新创业意识、创新创业能力、创新创业素质等纳入人才培养体系，整合优化多种资源，加强创新创业指导，完善创业保障，提供创业扶持，促进学生能力与素质的全面发展和个性潜能的充分发挥。高校应以转变教育思想、更新教育观念为主导，从而推进高校创新创业教育的发展。

二、教育载体的创新

创新创业教育离不开教育载体，教育载体的结构决定了创新创业教育的质量。因此，创新教育载体，是实现创新创业教育目标的基本保证。

（一）传统教育模式的载体

创新创业教育是一项系统工程，系统不仅体现出本体的多样化，也反映了教育目标的水平。从理论到实践，从基本能力到特殊能力，在实施教育的过程中必须充分考虑普适性与特殊性等问题。根据我国目前高校人才培养的最终目标、师资等情况，我国建立了不同形式的创新创业教育载体，在一定程度上弥补了创新创业教育的不足。

从宏观上来讲，任何形态的创新和创业教育的载体都具有共同的价值取向，即以培养创新意识和创新创业能力为目的。首先，从硬件设施来看，高校的创新创业机构是重要的载体，创新创业教育都是在此基础上得以开展的，包括就业指导中心、创业园区、孵化基地等，可以从根本上满足创新创业教育得以进行的基本要求。其次，从软件设置上来说，创新创业教育课程是创新创业教育的核心载体，课程体系构建完备与否直接影响着创新创业教育的效果。最后是实践载体，实践是创新创业教育有效实现的载体。目前的实践载体有“挑战杯”、创业设计大赛等，这些载体对创新创业教育的可行性进行了最直接也最直观的检验。

总之，我国高校在创新创业教育载体的研究上有明显的进步，但也存在着不容忽视的问题。高校的创新创业教育载体呈现单一化、零星化的特点，很多学校只是设置了部分课程，或是进行简单的实践活动，结构合理、功能互补的创新创业教育载体亟待加强。构建创新创业教育载体，应该立足于创新创业教育的基本目标，遵循教育教学规律，突出能力本位的原则，为培养创新精神、提高创业能力提供形式多样、层次丰富的支撑平台。

（二）新媒体环境下创新创业教育利用的新载体

新媒体环境下创新创业教育在传统创新创业教育载体的基础上，提出了在线教育这一新的教育载体。

通过对近年来关于在线教育期刊文献的回顾，在线教育已经成为现在教育发展的新动力，在线教育平台也在逐渐引起关注，这是逐步认识发展的过程。在线教育是现代教育不容忽视的力量，也是创新创业教育不可或缺的载体。

三、教育内容的创新

创新创业教育是素质教育和专业教育的重要组成部分，其旨在培养学生的创新创业精神、创新创业意识和创新创业能力，让学生掌握开展创新活动和创办企业的基本技能。以往的创新创业教育内容，在一定程度上指导着创新创业活动的开展。随着时代的发展，创新创业教育暴露出不少问题。这就需要高校从创新的角度出发，创新其教育内容，根据高校学科专业的特点，结合专业构建科学合理的课程体系，结合区域经济、地方经济的特点，将创新创业成功案例及时补充到教学内容中去，聘请成功的企业家做兼职教师，以丰富创新创业教学的内容。同时介入在线教育的模式，通过互联网大范围、多角度、分层次、针对性地完善创新创业教育的内容，把培养学生的创新创业意识、创新创业精神和创新创业能力作为素质教育的时代基点，作为专业教育的重要内容。此外，高校应构建开放性的知识框架，建立创新创业人才培养的新体系，从而促进创新创业教育教学质量和人才培养质量的提高。

（一）区别一般的理论重复研究

我国 1999 年由共青团中央、中国科学技术协会、中华全国学生联合会举办了首届“挑战杯”中国大学生创业计划竞赛，标志着创新创业教育的理念开始进入我国的高校。随着党和国家的高度重视，我国也加大了对创新创业教育的研究力度，并取得了显著成绩。但是也存在问题，其中突出的就是理论研究重复，与实践应用相脱节，不能满足现实需求。

大学生需要学习的课程较多，教师不可能完全按照正常的课时来讲授创新创业相关的知识。而在线教育这一新的补充性教育研究方式，可以从对象、目标着手，把课程设置细化，将线上、线下有机结合，将课堂讲授与课外自主学习相结合，并在分层、分类、因材施教理念指导下，以翻转课堂的形式来探讨创新创业教育的有效性。

在互联网基本普及的今天，学生如何能通过在线的方式去学习创新创业教育的相关知识？在线教育可以带来怎样的效果？这应该是我们区别于以往单纯注重理论研究的重点和方向。概括来讲，对象的差异性，决定了我们要分层来考虑受教育者。首先，从普遍意义上要涵盖所有的学生，也就是进行普适性的讲授，而这一层面的目标也就是要培养创新创业意识、创新创业能力。其次，进一步对有一定的创业意向的学生进行关注，其目标也就是要提升这一层面大学生的创新创业能力。最后，针对那些具备创新创业知识，有着强烈的行动意向的大学生进行特别培养，而这时的目标是成功地培养出合格的创业者。当然，其中也少不了专业知识的培训。

在此基础之上，高校对课程的设置也要进行创新，需要分层组建模块，将线上与线下有机结合。简单地说，线上可以讲授关于创新创业过程中有关公司的构建、报表的形式、项目的合理安排等知识，线下则可以针对创新创业过程中可能出现的有关情感、经验等问题进行探讨，从而增强创新创业教育的时效性。

（二）与高校思想道德教育有机结合

高校思想道德教育以理想信念为核心，以爱国主义教育为重点，以思想道德建设为基础，以学生全面发展为目标，旨在培养德、智、体、美全面发展的中国特色社会主义事业合格建设者和可靠接班人。在新的历史条件下，思想道德教育面临着由于信息网络化、经济全球化、价值多元化等所带来的严峻挑战，加强思想道德教育需要紧跟党和国家建设创新型国家的目标，紧贴经济社会发展的实际，紧密结合学生个体成长成才的需求。

传统的思想道德教育采用封闭的运作模式，忽视了人的自主性和创造性，这种统一的培养模式，使受教育者成为一种被规训的人，所以没有表现出应有的实效性。思想道德教育需要在内容、方法和载体上进行创新。而创新创业教育为此提供了内容与载体，可以使思想道德教育由注重知识传授向培养创新能力转变，由单一培养模式向因材施教、注重个性发展转变，由注重理论知识向注重实践能力转变。大学生创新创业教育与思想道德教育是高校教育中两个重要的组成部分，在培养全面发展的人才及促进毕业生就业方面，发挥着极其重要的作用。有效地把握和实施这两个教育，正确地处理好它们之间的关系，使二者有机结合，对于高校的教育创新和毕业生就业，以及推动社会经济的发展，有着十分重大的现实意义。

作为思想道德教育重要载体的创新创业教育的提出，是加强大学生思想道德教育的时代呼唤，客观上反映了人们对新形势下思想道德教育在教育目标、教育内容和教育方式上的全新阐释。创新创业教育与思想道德教育具有一致性，体现为教育目标的相互融合、教育内容的相互贯通、教育方式的相互依托。创新创业教育把增强创新创业意识作为目标，倡导学生在创新创业实践中形成以实现中华民族伟大复兴为己任的理想信念与社会责任感、创新思维与合作精神，使以诚信回报社会与公众，以创新助推社会发展，以合作体现价值追求的思想道德教育在市场经济视域下更加鲜活有力。

思想道德教育把培养学生树立为人民服务的人生观，正确处理个人与集体、奉献与索取的关系，具有艰苦奋斗的精神，具有社会使命感、责任感，以及诚实守信、自立自强、勤奋学习、助人为乐的优良品德作为重要目标内容，为推进创新创业教育指明政治方向。创新创业教育不仅通过课堂教学和实践教学向学生传授创新创业知识、技能与方法，还倡导学生在参与创新创业训练项目的调查研究中，了解中国现代化建设进程，了解市场经济发展；在创新创业基地实践中，了解企业对经济社会发展的助推力量；在与企业家面对面交流时，学习企业家精神与创业精神；在项目团队运营中，体验合作创新的魅力。因此，高校要注重创新创业教育与思想道德教育的有机结合，注重把创新创业作为重要元素融入思想道德教育，充分发挥创新创业教育在思想道德教育中的创造性的载体的作用。

正确认识和理解创新创业教育是思想道德教育的新载体，确立创新创业教育是思想道德教育新视域的理念，其现实意义在于整合思想道德教育新的外部资源，提高学生的思想道德素质。

（三）通过在线模块化组合开展大学生创新创业教育

在我国，受到在线教育学习影响的人有很多。为了说明这一情况，一些学者指出，中国在线教育经历了三个发展阶段。第一个阶段是从1950年到1978年，主要是专业大学或师范大学函授教育。第二个阶段是从1978年到1998年，同许多国家一样，通过创建中央广播电视大学，我国发展了基于无线电广播和电视的电大教育。第三个阶段是从1999年到现在，主要是数字化学习。随着互联网的发展，学习者在线接受教育的热情高涨，而且在未来10年间，这种势头将得以持续，在线教育为我国学习者提供了灵活的学习方式，特别是那些非传统学习者和终身学习者。下面笔者通过分类分层、在线模块化组合等设置在线课程，从而探讨创新创业教育的实施过程。

1. 在线课程设置中培养层次划分

（1）意识层面

大学生在创新创业教育中意识层面的能力培养，即创新创业的认识能力的培养。其是大学生创新创业所需的动机、意向、精神等主观要素培养的总括，包括四个方面。第一，内在驱动力培养，指创新创业开展的直接动力，其由创新观念、创业精神、创新创业思维、遵纪守法的意识等构成。第二，洞察力培养，指识别创业机会、把握创业条件的必要条件，其由收集、分析、处理信息，识别商机构成。第三，科学分析能力培养，指深入调研之后，再从整体上分析与创新创业相关的要素，其由宏观环境分析、市场需求分析、产品定位分析等构成。第四，客观自我评价培养，指一个人对自己能力、素质、水平高低的评判。合理的客观自我评价对创新创业有着巨大的影响，其由对自己性格、知识、能力的评价，平衡自己和他人的创新点，商业风险的警觉性等构成。

（2）实践层面

大学生在实践层面的培养，就是培养创新创业的操作能力。其是将创新创业的动机、意愿等主观要素与人力、财力等客观条件充分结合起来的能力的培养，包括四个方面。第一，决断力培养，指大学生在创新创业过程中根据客观情况做出正确的判断和科学的决策能力的培养，其由制定战略、创新产品研发、处理和配置关键资源、适应创新创业角色转变等构成。第二，行动力培养，指大学生在创新创业中贯彻战略意图、完成预定目标的操作能力的培养，其由领导力、贯彻力、推动力、监督力等构成。第三，公关力培养，指在创新创业过程中，大学生因创业需要，与相关部门、组织、消费者等进行沟通，其由人际关系处理、商务谈判、合作互动等构成。第四，应变力培养，指大学生在创新创业过程中不可能一帆风顺，在企业受挫或是面临危机时，需要具有超强的心理素质以应对危机，其由变通力、否定力、抗风险能力、坚定力等构成。

2. 在线课程设置中培养维度划分

（1）普适类

对于大学生来说，不是每个人都会选择创新创业的，这也就决定了创新创业教育不是对每个大学生都能起到应有的作用的。但是由于时代的需要，创新创业教育是一门不可或缺的课程，而作为普适类的知识构成，是要让全体大学生都能对创新创业教育有最基础的、普遍的了解。这也要求在设计在线课程时，此类创新创业教育知识应浅显易懂，要以增强大学生的创新创业意识为主要目标。

（2）意愿类

在普适类的基础之上，有部分大学生有一定创新创业的愿望，这就需要在设计在线课程时有所区别。这部分创新创业教育的知识要比普适类更专业些，旨在对这部分大学生的创新创业素质、创新创业意愿进行培养。

（3）强烈类

强烈类在线课程针对的是那些已经具备一定的创新创业知识，或是已经在试着进行创新创业的大学生。这就要求课程更加具有针对性，知识要点要涉及创新创业过程中有关公司设立、财务管理、市场分析等内容，使此类大学生能受到更专业的训练，能将理论知识应用到实践中去。

3. 在线课程设置中模块组合

（1）文化基础知识模块

在文化基础知识模块中，可以设置“大学生创业基础”为线下教育形式的必修课程，共 32 学时计 2 学分，其中理论课程教学有 16 学时，主要通过课堂讲授的方式让大学生了解和掌握创新创业认知、创业者的素质和能力、创业团队的组建和管理等基本知识，目标是使大学生对创业活动有正确的认知和理解。

（2）创新思维训练类模块

在创新思维训练类模块中可设置“创新思维训练”“创造学原理”两门线上教育的通选课程，采用翻转课堂的形式组织教学活动。

（3）综合融入类模块

将创新精神的培养、创新思维的训练、创业意识的树立等创新创业教育内容融入大学新生入学教育、专业导论课、职业生涯规划课和相关专业课程的教育教学活动中。

（4）实践操作模块

实践操作模块主要是指把学到的理论知识付诸实践，涉及创新创业环境分析、成功案例分析、团队管理、企划书书写、企业融资、企业设立与管理等。其不但强调活动、模拟类的实践，例如可以设置实践活动课程，主要开展成功创业人士访谈、创业团队访谈等实践活动，让大学生亲身感知创业活动，而且强调在现实中的实践，包括到企业挂职锻炼，积累经营管理企业的经验，让有发展前景的创新企业进入创新创业孵化基地，让大学生在社会上进行创新创业实践，创办公司或企业。

一般说来，大学生需要学习的课程较多，不可能完全地学习完整的创新创业教育课程，因而通过在线模块化来进行有针对性、开放性的在线教育是完全有必要的。它突破了学时的局限性，使优质教学资源得以共享，使大学生线上可以自主地学习创新创业知识，增强了大学生的主动性。此外，线下大学生可以和专家、教师、同学探讨创新创业过程中遇到的情感问题、经验教训等。线上教育和线下教育有机结合，使得创新创业教育的开展会更具针对性、条理性和系统性，因而也将会更具有效性。

第四节　新媒体环境下高校创新创业教育有效性的新对策

有关大学生创新创业教育有效性的研究可以从很多方面入手，但在此仅从对象和目标的有效性、课程设置及内容有效性、组织形式及方法有效性研究这几个部分着手。有的放矢地对每个部分进行具体的探讨，通过层层推进、环环相扣的关系，确保每一部分都行之有效，从而使得整个框架确实可行。

一、对象和目标的有效性研究

（一）创新创业教育对象的基本特征

1. 创新能力低

当前，大学生普遍具有创新意向，对创新创业有一定的认知，能够去寻找新思想、新理论和新方法。但由于学校客观条件的限制和自身的局限性，大学生不能够把自己的想法和建议及时与教师和同学们沟通交流，不能够应用于实践中去，从而限制了其自身创新创业能力的提升。

2. 缺乏创新创业兴趣和动力

目前大学生从内心上来说，存在创新创业的意识，能够在脑海中去设想创新创业，也能认识和关注新的创新创业机会。但是随着时间的推移和环境、心态的变化，加之其创新认知又缺乏深度和广度，进而也就不能形成创新创业兴趣和动力。

3. 缺乏创新的思维方式和洞察力

虽然高校大学生在不断地积累经验，想象力也逐渐丰富，思维能力和逻辑推理能力也相应有了很大程度的提高，但是其知识的深度和广度还不够，应用于实践中的能力还比较低，思维方式往往比较简单，分析问题也比较僵固和片面，解决问题的方式也有局限性，不能很好地突破常规去尝试创新创业。

4. 缺乏创新创业的动手能力

随着创新创业教育的逐渐升温，一些学校也相应开设了相关的课程，高校大学生在学习过程中也会获得相关的理论知识。但是由于大学生对创新创业不同的阶段存在的认识不同，也就导致其知识结构不具备系统性，并且由于自身和外部条件的限制，其学习也仅仅局限在理论学习上，很难付诸实践。大学生没有经过实践的锻炼，自然也就不能很好地掌握创新创业的技能。

5. 创新创业实践的成果很少

随着国家对创新创业的认识，一些实践性质的项目也相应随之产生。这在一定程度上可以为高校大学生提供实践的机会，但是这些本就存在着“活动”的意味。所以大学生也仅仅是以参与或完成活动为目的而投入其中，取得了名次、获得了奖励，之后也就不了了之，很少能够真正地应用于现实社会中去。

（二）创新创业教育对象的有效性

1. 提升自我创新能力

积极完善高校大学生创新创业教育的组织结构，创新组织机构。高校领导应当重视，思路清晰，组织科学，方法有效，投入有保障，创造性地开展工作。例如：成立学校就业指导中心、创新创业教育中心、学生层面的创新创业协会；在全校范围内遴选有市场价值的创新创业方案；鼓励大学生敢于谈想法、提建议，加强教师的指导和同学们之间的沟通交流，提升创新能力；等等。

2. 提高创新创业素质

目前高校的创新创业氛围有待着力营造。因此，高校应当营造一个良好的、正面导向的创新创业氛围，在校园里形成推崇创新创业、尊重创新创业的氛围。同时要激发大学生对创新创业的兴趣，增强其风险意识、责任意识、诚信意识、沟通组织能力，全面提高大学生的创新创业素质。

3. 推动产学研一体化

大学生的创新能力更多是通过实验教学和实践教学培养的，因此我们必须在实践教学中开展大学生创新性教育。要加强对实验课的建设，通过学校的支持，为大学生创建更多的创新创业实验基地，开展多样化的现场教学。要让大学生接触更多的知名企业，以培养大学生的创造性思维，提高他们的创新和创业能力。大学生创新创业教育要与外部对接，积极推动产学研一体化，使大学生及时发现、甄别和把握创新创业机会，实现从参与创新创业到自主创新创业的真正转变。

（三）创新创业教育目标的构建

党的十九大报告提出了“加快建设创新型国家”等发展战略，这为高校切实发挥好人才培养、科学研究、社会服务和文化传承的功能指明了方向，也为高等教育适应国家经济社会发展，培养创新人才提出了新挑战。充分认识和推进创新创业教育，大力开展创新创业教育，提高教育教学质量和人才培养质量，培养具有创新精神、创业意识、实践能力与社会责任感的高素质专门人才，是高校人才培养任务中的当务之急。

1. 适应创新型国家建设要求

建设创新型国家，是党中央站在全面建设中国特色社会主义事业的时代高度而制定的战略决策，是增强国家国际竞争力与综合国力的重点所在。这里的关键是人才，尤其是拔尖创新人才与创业人才。从社会学的角度讲，是创造性的劳动推动着社会进步的，大学生接受的是高等教育，掌握的是专门知识与技能，理应在实现自身价值的同时，成为创新型国家的主力军。从教育经济学的角度讲，如果高等教育培养出来的大学生不具备基本的创新创业能力，缺乏创新精神与创业意识，不能进行高级的复杂劳动，那将是“人力投资”的一种浪费。心理学认为，每个人都拥有巨大的潜力，但创造力是最有价值的潜在力量。因此，高校大力推进创新创业教育，探索新的体制机制与培养模式，培养具有创新意识与精神、创业能力与素质的创新型人才，是刻不容缓的。

2. 顺应高等教育思想转变

近年来，素质教育理论研究与实践探索，引起中国高等教育的深刻变化。中国高等教育要想适应国家经济社会发展，实现真正意义上的跨越式发展，关键就是教育观念和教育思想的更新与转变。而确立以创新创业精神培养为理念的创新创业教育是当代素质教育的深化和具体化，其要求我们把创新创业教育的实质性精神融入当代教育模式，构建创新创业教育人才培养模式，促进学生知识、能力与素质全面发展和个性潜能的发挥，从而使学生的创造力、创新力与创业力等综合素质都得以提升，以顺应高等教育思想的转变。

3. 创新人才培养模式

以增强创新创业意识为目标的创新创业教育是总体性、系统性的教育教学改革工程，是奠基于素质教育基础之上的专业教育的有机组成，是对传统人才培养模式的重大转变，即从应试教育的人才培养模式向素质教育的人才培养模式转变，从就业教育的人才培养模式向创业教育的人才培养模式转变。把增强学生创新创业意识精神、创新创业精神、创新创业能力作为素质教育的时代基点，构建适应创新创业人才培养的新机制与新体系，推动高等教育的跨越式发展；把创新创业元素、理念、思想与内容作为专业教育的重要内容，推动教育教学质量和人才培养质量逐步提高；把增强学生创新创业意识、创新创业精神和创新创业能力当成教育教学的宗旨，贯穿于高校人才培养的各个方面，激发学生的创新创业激情与活力，形成体制和机制。这有利于培养高素质创新创业人才，实现高等教育人才培养的根本改变。

4. 提升教育教学质量

提高教育教学质量，是党中央全面贯彻落实科学发展观，实现高等教育科学发展的战略决策。提高高等教育质量的核心是加强人才培养，而创新创业教育无论是在提高全民族素质方面，还是在培养大学生审视问题、主动研究的心理取向和善于把握机会的敏锐性方面，都有着重要的作用。随着经济社会的发展，国家将进入人才强国和人力资源强国的行列，需要大批勇于创新、善于创业并能将创新成果转化为社会生产力的创新创业人才。加强创新创业教育，增强创新创业意识和创新创业能力，切实提高教育教学质量和人才培养质量，是现阶段高校的重大理论与实践课题。

（四）创新创业教育目标的有效性

1. 提高重视程度并完善保障制度

社会和高校应该重视创新创业教育，把它当成培养创新创业人才的重要途径。高校要加大创新创业教育中基础设施与师资力量的投入，可以通过建立创新创业培训基地，广泛引入社会资源，构建大学生创新创业教育的有力保障体系。高校要积极支持教师开展创新创业科研工作，不断提高教师的教学水平和完善其知识结构。同时，高校可以聘请校外创新创业成功人士担任创新创业导师，不断完善教育教学管理体系，大力推进创新创业教育。在完善现有保障体系和培养模式的同时，高校还要不断探索新的体制机制与培养模式。

2. 转变教育理念以适应经济发展

发展创新创业教育是我国高等教育由精英化向普及化发展的现实需要，也是高等教育促进社会经济发展从量变到质变的必然结果，还是顺应高等教育国际潮流的体现。这不仅仅关系到大学生的就业，更重要的是关系到整个国家的经济活力和未来竞争力，所以高校必须要做到教育观念的更新和教育思想的转变。同时，高校管理者和教师也要转变观念，将创新和创业教育贯穿到人才培养的全过程，做到因材施教，做到教育观念、教育体制、教育体系、专业设置和人才培养模式上实现根本性改变，以适应现代市场经济的发展和知识经济时代的要求。

3. 创新人才培养模式

传统的以应试教育为主的人才培养模式已渐渐不能满足当今社会的要求，高校应转变和创新人才培养模式，以创新创业精神和社会责任感为导向，构建人才培养模式。例如在课程设置上，建立与专业核心课程相匹配的创新创业课程体系，构建与专业实践教学相配合的创新创业实践平台。在教学管理和教学监控上，建立监控和激励机制，将评估和监测贯穿到创新创业人才培养的全过程。在学分构成上，尝试增加每个学分中创新创业内容的比重，或设立单独的创新创业教育课程学分。通过人才培养模式的创新，全面增强大学生的创新创业意识、创新创业精神、创新创业能力。

4. 全方位着手提升教育教学质量

提高高等教育质量的核心是提高人才培养质量。这需要根据高校人才培养战略，加强创新创业教育的各个方面。在深化教育教学改革过程中，高校要推进创新创业教育，更新办学理念，改革和完善课程设置，更新教学内容，创新教学方法，使广大学生不断获取新知识与新技能。此外，高校应改革人才培养模式，注重教育教学的理论与实践相结合，注重学生知识、能力与素质相协调，注重培养质量保障机制的建立，将创新创业教育融入高校人才培养模式的全过程，切实做到人才培养质量的提高和教育教学质量的提高。

二、课程设置及内容有效性研究

（一）创新创业教育课程构建的原则

创新创业教育课程是高校实施创新创业教育的有效载体，是增强大学生创新创业意识与能力的重要途径。教育部下发的《关于全面提高高等教育质量的若干意见》文件，对高校创新创业教育教学的基本要求是："制订高校创新创业教育教学基本要求，开发创新创业类课程，纳入学分管理。"准确理解和把握高校创新创业课程的特点，是科学建设创新创业教育课程体系的前提。从普遍意义上讲，教育是培养人的活动，创新创业教育课程是培养全面发展的人的活动。这就要求创新创业教育课程在知识传递上要体现最新前沿，在能力培养上要符合社会需要，在素质提升上要关注全面发展。

1. 教育目标与课程内容相结合

目标是先导，创新创业教育目标是构建其课程体系的重要依据。目前，大学生创新创业教育在我国高校处于发展阶段，根据大学生的自身特征和发展需求，创新创业教育目标可分为三个层次。第一层次，创新创业教育是覆盖所有大学生的创新创业普适性教育，主要是培养大学生的创新思维，增强大学生的创业意识。第二层次，适合有一定创业意向的部分大学生，主要是通过创新创业教育，让大学生掌握初步的创业知识，成为具有一定创新创业品格和创业素养及创业能力的大学生。第三层次，适合具有强烈创业愿景和创业行动的少数大学生，通过系统的、完整的创新创业教育，让大学生全面掌握专业化的、扎实的创业知识，形成良好的创业实践技能，为大学生开展创业活动奠定良好的基石。因此，应依据创新创业教育的三个目标层次，科学构建分层次、模块化的课程体系。

2. 理论课程与实践课程相结合

创新创业教育要着力培养大学生的创新思维，增强大学生的创业意识，使其掌握创业知识。因此，要注重创新创业教育的学理性、学科性，构建必要的学科课程、理论课程，通过一定的理论课堂讲授实现对大学生创新创业能力的培养。同时，创新创业教育更是一项实践性非常强的活动，还应丰富和拓展创新创业教育课程的内涵，更加注重培养大学生的创业能力和创业本领，要通过构建内容丰富、形式多样的活动课程、实践课程，形成理论与实践有机结合的课程体系，从而切实提高大学生的创业能力。

3. 独立课程与融入课程相结合

创新创业教育具有自身的逻辑性、学理性和相对独立性，要适合创新创业教育自身的发展规律和内部的逻辑关系，形成和构建较为完善的、独立的学科课程体系。同时，培养创新创业型人才是一项复杂的系统工程，创新创业教育不仅仅是其本身课程所能全部承载的，还应融于通识课程、专业课程以及整个教育教学的各个环节，注重创新创业教育课程与专业课程的联系，构建协同联动的创新创业教育课程体系。

4. 线上课程与线下课程相结合

鉴于当前高校人才培养方案和教学计划中的课程数量较多、学时较长的状况，在现有的人才培养方案和教学计划中增加一定数量的创新创业教育课程和学时难度很大。为此，应充分发挥在线教育的优势，分别开发和设计线上课程和线下课程，将创新创业教育中涉及基础知识、基本理论等内容的课程开发设计为线上课程，让学生通过在线学习和翻转课堂的模式进行学习，突破时空局限。将创新创业教育中涉及培养学生创新思维、创新精神、创业品质和提高学生创新创业素养、创业能力等内容的课程开发设计为线下课程，通过师生互动交流及实践活动等方式开展。线上课程与线下课程有机结合的课程体系，既突破了人才培养方案和教学计划对课程数量和学时数量的限制，又突破了传统教育教学中的时空局限，有利于多渠道、全方位、个性化地加强大学生创新创业教育。

（二）创新创业教育课程构建的依据

创新创业教育是高校素质教育的重要目标，是高等教育与专业教育和通识教育深度融合的发展的新方向。课程教学是创新人才培养的主渠道，是提高人才培养质量的重要阵地。

1. 深化高等教育改革的内在要求

社会经济的发展对高等教育提出更高要求，国家正在实施加快转变经济增长方式、建设创新型国家和人力资源强国的重大战略举措，培养国家建设所需要的创新创业人才，高校责无旁贷。在高等教育倡导深化教学改革、提高人才培养质量的今天，创新创业教育课程注重创新创业知识和理论传播，注重课程教学内容与方式的改革，是高校增强大学生创新创业意识与创新创业能力的需要，是高等教育深化教育改革、响应时代呼声、满足社会需求的必然，是高等教育发展到一定阶段的必然结果。

2. 培养创新人才的重要举措

国家的创新型发展需要高校培养更多高水平的创新创业人才。创新创业教育是在教育教学改革和素质教育基础之上提出来的，作为培养人才的基本工程，用以应对经济全球化。加强创新创业教育课程的建设，是高校强化大学生研究性学习与创新性实践，增强大学生创新创业意识，提高大学生创新创业素质，促进创新创业教育与素质教育发展，培养国家需要的高素质创新人才的重要举措。

3. 实现个性化人才培养的客观需要

我国高校正处于从粗放式发展向集约型发展转变的关键时期。面对学习能力与学习需求存在差异的大学生，如何更好地提升教育教学水平，满足个性化人才培养需求，成为高校探究的重要问题。大众化高等教育多元质量的核心是个性化原则，人才的个性化是创新的基础和源泉，是发展的动力和前提。创新创业课程的建设，要本着“以人为本”“因材施教”的原则，分层次、分重点地设置课程目标、制订教学计划，这是高校实现个性化人才培养的客观需要。

4. 提升学生综合素质的现实选择

学科交叉、知识融合、技能扎实是当今经济社会人才需求的重要特征，而创新创业教育的产生与发展，能够更好地满足经济社会对人才的需求。创新创业教育是素质教育的深化和具体化，是以学生的创新能力、综合素质培养为核心的广义创新创业教育和以学生的具体操作技能培养为主要目标的狭义创新创业教育的有机统一。长期以来，在素质教育中提倡的培养学生的创造力和创新精神，提高学生的思想道德素质、科学文化素质等，正是创新创业教育课程在综合性上的体现和要实现的育人目标。因此，创新创业课程着眼于学生知识的拓展与能力的提升，着眼于学生社会责任感的树立，是提升学生综合素质的现实选择。

（三）创新创业教育内容有效性的含义

创新创业教育内容主要包括创新创业意识、创新创业知识、创新创业能力、创新创业心理品质这几个方面，其有效性也主要从这几个方面来体现。

1. 增强创新创业意识

创新创业意识培养主要应重视创新创业需要和动机、创新创业兴趣、创新创业理想、创新创业信念和创新创业世界观的培养。创新创业需要和动机是创新创业意识的基本层面。创新创业兴趣是从事创新创业活动的积极情绪和态度定向。创新创业理想是对创新创业活动未来奋斗目标的持久向往和追求。创新创业信念是对创新创业活动和实践所形成的认识、看法和见解，并坚信其真实性和有效性的心理倾向。创新创业世界观则是由一系列创新创业信念所组成的逻辑系统。创新创业意识的培养在一定程度上奠定了创新创业开展的基础。

2. 增加创新创业知识

创新创业知识包括专业知识、经营管理知识和综合性知识。专业知识是从事某一专业或职业所必须具备的知识，一般是与专业、职业能力结合在一起发挥作用的。经营管理知识是从事经营管理工作必须具备的知识。综合性知识是发挥社会关系运筹作用的多种专门知识，其中包括政策、法规、工商、税务、金融保险、人际交往、公共关系等。在创新创业知识的构成中，经营管理知识、综合性知识与经营管理能力和综合性能力结合在一起，共同发挥作用。知识结构的有效构建对学生来说是进行创新创业的必要条件，需要在创新创业教育课程体系的构成中合理安排，使学生能充分掌握。

3. 提升创新创业能力

创新创业能力包括专业能力、经营管理能力和综合性能力。专业能力是人们从事某一特定社会职业所必须具备的本领，是维持生存、谋求发展的基本生活手段。经营管理能力既是现代社会一种十分重要的社会职业要求，又是一种谋求理想社会职业的工具。经营管理能力是一种人、财、物、时间、空间的合理组合，是一种较高层次的创业能力。综合性能力，包括发现机会、把握机会、利用机会、创造机会的能力，收集信息、处理加工信息、综合利用信息的能力，适应变化、利用变化、驾驭变化的能力，非常规性的决策和用人的能力，交往、公关、社会活动的能力等，是一种社会环境和社会关系的综合开发和运筹的能力，是一种最高层次的创业能力。只有充分获得创新创业知识，创新创业能力才能得以提升，而其提升也相应地增强了创新创业过程的有效性。

4. 培养创新创业心理品质

创新创业心理品质包括六种因素：独立性、敢为性、坚韧性、克制性、适应性和合作性。独立性是对能够独立地思考、判断、选择、行动的心理品质的描述。敢为性是对敢于行动、敢冒风险、敢于拼搏，并勇于承担行为后果的心理品质的描述。坚韧性是对为达到某一目标而坚持不懈、不屈不挠、顽强努力的心理品质的描述。克制性是对自觉调节和控制自己的情绪和情感，善于克服盲目冲动和私利欲望的心理品质的描述。适应性是对能及时适应环境和条件变化，善于进行自我调查和角色转换的心理品质的描述。合作性是对善于对别人认同、善于向他人学习、善于交往的心理品质的描述。这六种个性心理品质是从特定角度来反映意志和情感要素的。因此，抓住了意志和情感，也就抓住了创新创业个性心理品质的总体特征。良好的创新创业心理品质，可以使创新创业收到事半功倍的效果。

（四）创新创业教育内容构建的依据

高校创新创业教育课程及内容是创新创业教育的重要组成部分，是实现创新创业教育教学目标的重要载体，是衡量高校创新创业教育成效的重要指标。深入研究和探明高校创新创业教育教学课程设置及内容构建，可以提高创新创业教育教学内容的科学性、合理性。特别是重点研究有效的课程设置，能够培养大学生的创新创业精神，增强大学生的创新创业意识，养成大学生的创业品格，提高大学生的创新创业素质，推动高校创新创业教育教学目标的有效实现，确保高校思想道德教育的实效性。所以，创新创业教育内容应该从增强创新创业意识、增加创新创业知识、提升创新创业能力、培养创新创业心理品质这几方面构建，使创新创业教育行之有效。

三、组织形式及方法有效性研究

（一）创新创业教育与高校思想道德教育组织形式的比较

高校思想道德教育注重对大学生“三观”的培养，以期提高思想道德水平，使大学生符合社会发展的要求。而创新创业教育是为社会输送经济发展所需要的创新创业型人才，在一定程度上，二者有相通之意，并且创新创业教育的有效开展与思想道德教育均要遵循统一性原则，结合思想道德教育，通过创新创业教育把大学生个人价值的实现与社会对个人的期望紧密结合起来，二者在组织形式上有异同之处。

相同之处是二者都可以通过课堂讲授来使学生获得相关知识，也可以通过网络媒体宣传引导，并且都有一定的课程体系来支撑，都存有对意识层面的培养，都有一定的测评标准。

相异之处在于，创新创业教育可以把第一课堂与第二课堂结合起来，把理论学习与实践操作结合起来。创新创业教育可以以第二课堂为主，增强学生在社会实践、竞赛活动中的主动性，充分发挥其个人主观能动性。创新创业教育可以进行分层施教，有差异、有针对性地开展教学活动。思想道德教育则可以普遍加强理论宣传，在学习国家政策、上级文件的同时使所有学生提高思想境界。

（二）创新创业教育组织形式的构建

辩证唯物主义告诉我们：内容决定形式，而形式反过来又作用于内容。教学组织形式和教学方法必然要以教学目标和内容为依据，而科学有效的教学组织形式和教学方法则能促进教学目标的形成。

第一，进行班级统一授课，规定一定阶段的大学生在特定的时期有专门教师进行集体统一授课，并要求其完成课程目标，修够设置的学分。第二，分层施教，对不同群体的大学生制订不同的学习计划，并有针对性地进行指导，注重其能力的提升。第三，开放式的教学，即在线进行创新创业教育，脱离传统的教学方式，打破时间与地域的限制。大学生可以根据自己的爱好自主地去选择所要学习的内容，以期达到效果最优。第四，成立大学生创新创业社团，在教师指导下进行实践操作，加强大学生的团队配合能力。第五，建设企业孵化基地，为那些具有潜质的创新创业项目提供孵化，从而使大学生创新创业在最大程度上得以顺利实施。

（三）创新创业教育方法有效性的含义

创新创业教育需要分层施教。首先，是针对全体大学生，旨在培养大学生的创新创业意识，激发大学生的创新创业热情的普适层，这是大学生进行创新创业实践的灵魂和支柱。其次，是面向有创新创业意识，并愿意尝试的部分大学生，旨在提高其技能的选择层，这是大学生进行创新创业实践的基础和保证。最后，是针对具有强烈创新创业意向，或者已经开始实践的大学生，旨在指导其顺利创业的强化层，这是大学生创新创业实践的助力和拔高。

随着教育的发展，“翻转课堂”这一方式日渐受到重视。这种问题导向型的方式利于大学生更好地获得创新创业知识，更能提升大学生的学习自主性、积极性和趣味性。当代大学生既是一个具有独特个性心理特征的群体，又是一个普遍掌握信息技术的群体，网络创业已日益成为大学生创业的新途径。高校可以通过建设创新创业课程网站，提供网络创业、网络检索、网站管理、网页设计、网络营销等学习内容，开展自测训练，提供创业指导，搭建起自主学习、内外结合、寓教于乐、操作实践等创新创业教育平台，提高大学生的自主学习能力和创新创业能力，为他们的个性发展提供更大的空间。

（四）创新创业教育方法有效性的指导原则

科学有效的方式是创新创业教育有效开展的基础。创新创业教育不能仅仅立足于缓解当前就业压力这一点上，而应该立足于为全社会培养创新创业型人才这一高度，着眼于整个民族的创新与创业意识的培养，将创新创业信念融入民族精神中，“创新是一个民族进步的灵魂”这一理念决定着创新创业的方向。

因此，必须把创新创业教育渗透到教学目标中去，强化这一意识，使大学生能充分和正确地理解创新创业教育，从内心愿意接受创新创业教育。

（五）有效的创新创业教育方法

1. 创新创业课程讲授

首先，课程体系规范化讲授，即结合高校的实际，把通识类创业课程和专业化创业课程结合，采取分层次设置，满足不同大学生的需求。其次，开放式课程讲授，即理论联系实践，在学习理论知识的同时有效地加强模拟训练和实践操作，同时引进在线教育模式，使大学生学习的选择范围更广。最后，延伸课程的讲授，即把学校与企业结合起来，实现产学研一体化

2. 创新创业竞赛活动

高校应积极开展创新创业竞赛活动，展示大学生的创新创业实力和成果，形成品牌的创新创业实践活动，如全国大学生挑战杯、创业计划大赛等，选拔优秀作品参加全校、全省、全国的比赛。在各项赛事中大学生获得了宝贵的模拟创业的经历，学习积累了创业知识，培养了创业能力，锻炼了沟通交流和组织管理能力，提高了分析和研究能力。

3. 创新创业讲座

高校应定期开展“创业课堂”“创业论坛”等创新和创业的主题活动，邀请成功的创新和创业校友回母校开展讲座，邀请著名企业家讲授创新创业知识和经验，通过开展专题讲座进行创新创业知识和创新创业案例教育，特别是成功创新创业者的创新创业方法、创新创业过程、创新创业精神和创新创业规律等教育，从而启发大学生的创新创业思路，拓宽大学生的创新创业视野。

4. 创新创业社团

高校以创新创业社团、大学生创新创业指导中心等组织机构为平台，有针对性地开展“心理训练”“创业研讨”和“创业模拟”等活动，锤炼创新创业者的心理品质，鼓励大学生建立形式多样的创新创业团队，激发大学生的创新创业兴趣，增强大学生的创新创业意识，完善大学生的创新创业人格。

5. 创新创业基地

高校要以科研训练项目为载体，鼓励大学生积极参与教师主持的科研课题研究。高校也可以根据大学生创新创业项目的需要和特点，构建孵化小企业的大学生创业园，让有创业计划和能力的大学生在创业园创办小企业。这可以让

大学生在实践中体验到创业的艰辛和欢乐，总结成功的经验和失败的教训，磨炼意志，培养开拓精神，积累经营管理的经验。

6. 创新创业专项基金

创新创业开展也少不了必要的保障，而专项基金的建立可以保证创新创业能够顺利进行。在符合国家和高校相关政策和要求的情况下，给予那些具有市场潜力、有前景的项目资金支持，不但可以让创业者实现梦想，同时也促进了创新创业教育的开展。

参考文献

[1] 王宏．高校大学生创新创业能力培育研究 [M]．长春：吉林人民出版社，2017．

[2] 林晓丹，吕聪玲．基于社会主义核心价值观的大学生创新创业教育指导研究 [M]．北京：中国铁道出版社，2018．

[3] 黄昕，王江生，姚茂华．民族地区大学生创新创业教育实务 [M]．成都：西南交通大学出版社，2016．

[4] 项勇，黄佳祯，王唯杰．大学生创新创业素质培养机制研究 [M]．北京：中国经济出版社，2018．

[5] 李颖．精准扶贫背景下的中职电商创新创业实践教学模式研究 [J]．现代职业教育，2021（34）：22-23．

[6] 唐琳，侯振华，尚金钊，等．“大众创业、万众创新”时代背景下高校专业创客空间建设研究 [J]．中国市场，2021（23）：166-167．

[7] 王淼．应用型本科创新创业教育与设计专业实践教学交叉融合研究 [J]．安阳工学院学报，2021（5）：123-125．

[8] 张耿．基于“知行合一”的模拟演练在创新创业教育中的实践研究 [J]．中国成人教育，2019（23）：49-52．

[9] 欧阳国文．思政教育融入高职学生创新创业教育的路径探析 [J]．农村经济与科技，2019（24）：288-289．

[10] 于亮，辛明远，关雨．“互联网 +”背景下地方高校创新创业人才培养模式探讨 [J]．发明与创新（职业教育），2019（12）：107．

[11] 刘慧姝．应用型本科院校基于“双创”的电子商务课程改革与实践 [J]．吉林工程技术师范学院学报，2018（12）：43-45．

[12] 杨保军．创新创业教育导向的民族院校商科专业实践教学体系构建 [J]．黑龙江教育学院学报，2018（12）：51-54．

[13] 张辉华．“互联网 +”背景下茶文化与高校创新创业教育的结合 [J]．福建茶叶，2018（12）：380．

[14] 马传奇．“互联网 +”背景下茶文化在高校体育专业大学生创新创业教育中的融入研究 [J]．福建茶叶，2018（12）：419．